キャリア教育に活きる！

仕事ファイル

センパイに聞く

37

アウトドアの仕事

アウトドアウォッチ商品企画
アウトドア商品企画
森林官
スポーツ自転車設計
キャンピングカーデザイナー
グランピング施設スタッフ

小峰書店

小峰書店 編集部 編著

37 アウトドアの仕事

Contents

※この本に掲載《けいさい》している情報《じょうほう》は、2022年4月現在《げんざい》のものです。

File No.211

アウトドアウォッチ 商品企画《しょうひんきかく》

Outdoor Watch Products Planner

カシオ計算機《けいさんき》
井ノ本《いのもと》 脩《なお》さん
入社4年目 25歳《さい》

持っていない人も、つけてみたくなるようなアウトドアウォッチを企画《きかく》したい

アウトドアウォッチは水や衝撃《しょうげき》に強く高性能《こうせいのう》なつくりで、キャンプや登山に欠かせません。なかでも、カシオ計算機《けいさんき》の「G-SHOCK《ジーショック》」はデザイン性《せい》も高く、スポーツ選手にも愛用されています。商品企画《しょうひんきかく》を担当《たんとう》する井ノ本脩《いのもとなお》さんにお話をうかがいました。

用語　※　コラボ ⇒「コラボレーション」の略《りゃく》。企業《きぎょう》などがアーティストやファッションデザイナーなどと組んで、商品開発を行うことをいう。

Q アウトドアウォッチの商品企画《しょうひんきかく》とはどんな仕事ですか？

私が働くカシオ計算機《けいさんき》は、時計や電卓《でんたく》、電子辞書や電子楽器などをあつかう電機メーカーです。私は、「G-SHOCK《ジーショック》」という腕時計《うでどけい》の商品企画《しょうひんきかく》を担当《たんとう》しています。

G-SHOCK《ジーショック》は、1983年から販売《はんばい》されている腕時計《うでどけい》の人気ブランドで、衝撃《しょうげき》に強く、防水性能《ぼうすいせいのう》に優《すぐ》れていることが特徴《とくちょう》です。そのため、アウトドアやスポーツを楽しむときの時計として、親しまれてきました。

G-SHOCK《ジーショック》の中心的なファン層《そう》は30代後半から40代ぐらいですが、私の仕事は、まだG-SHOCK《ジーショック》をあまり知らない20代の若者《わかもの》に向けた商品を企画《きかく》することです。若《わか》い世代が手に取りやすいように、流行を取り入れつつ、価格《かかく》はおさえた商品を考えてつくっています。

新商品を企画《きかく》するときは、まず、どんなテーマで商品をつくればよいか考えます。その上で、これまでに出たG-SHOCK《ジーショック》のなかで、かたちや機能《きのう》はどのモデルをもとにするか、色の展開《てんかい》や価格設定《かかくせってい》はどのようにするのかを考えて、上司や営業担当《えいぎょうたんとう》に提案《ていあん》します。例えば、テーマが「ストリートカルチャー」なら、壁《かべ》に描《えが》くスプレーアートをベースにしたデザインなどを考えて、企画《きかく》を提案《ていあん》します。企画《きかく》が通ったら、デザインを具体的に決めていき、発売までは1年半弱ほどかかります。

G-SHOCK《ジーショック》は長く販売《はんばい》している時計ブランドで、これまでに出たモデルをもとにして、新しい色展開《いろてんかい》で新商品を出すことが多いですが、技術《ぎじゅつ》の進化に合わせて、デザインや機能《きのう》がちがう新しいモデルの商品をつくることもあります。

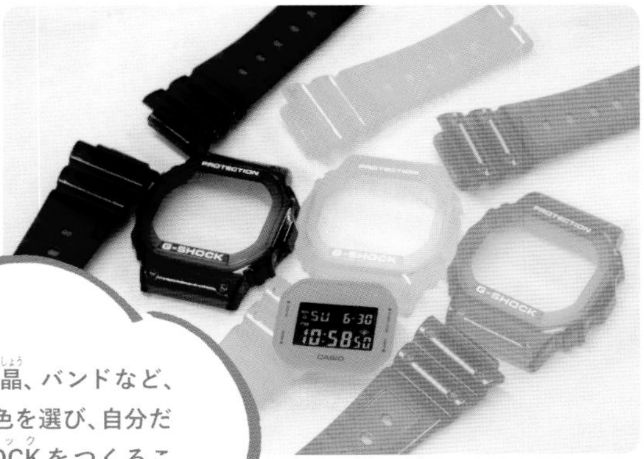

文字盤《もじばん》や液晶《えきしょう》、バンドなど、パーツ別に色を選び、自分だけのG-SHOCK《ジーショック》をつくることができる「MY G-SHOCK《マイジーショック》」。井ノ本《いのもと》さんは、ネオンカラーの色展開《いろてんかい》を提案《ていあん》した。

Q どんなところがやりがいなのですか？

自分のアイデアが、商品となってお店に並《なら》ぶということに、やりがいを感じています。街でその商品を身につけている人を見かけたときも、うれしいですね。

G-SHOCK《ジーショック》は、これまで、音楽やアート、ファッションなど、さまざまな分野とコラボ※しながら商品をつくってきました。私も、そうしたコラボ商品の企画《きかく》にたずさわったことがありますが、未知の分野を知ることができるので、刺激《しげき》になります。

また、カシオ計算機《けいさんき》は、多くのスポーツ選手とスポンサー※契約《けいやく》を結んでいます。私はスポーツが好きなので、バスケットボールやスケートボードなどで活躍《かつやく》する選手たちが、G-SHOCK《ジーショック》を身につけていることも、うれしいです。

過去《かこ》に出版《しゅっぱん》された、G-SHOCK《ジーショック》を特集した雑誌《ざっし》は、会社に資《し》料《りょう》として置かれている。新しい商品のテーマを考えるときなどの参考にしている。

井ノ本《いのもと》さんのある1日

08:30 出社。メールチェック
▼
09:00 新商品の企画提案用《きかくていあんよう》の資料《しりょう》や価格設定《かかくせってい》を考えるための資料《しりょう》、発売が近い商品の資料《しりょう》などを作成
▼
10:00 社内打ち合わせ
▼
12:00 ランチ
▼
13:00 コラボ商品の相手先企業《きぎょう》と打ち合わせ
▼
15:00 市場調査《しじょうちょうさ》。展示会《てんじかい》など他社や他業種の製品《せいひん》を見て開発のヒントを得《え》る
▼
17:30 資料作成《しりょうさくせい》の続きを行い、退社《たいしゃ》

用語 ※ スポンサー ⇒後援者《こうえんしゃ》のこと。イベントやスポーツチームに、お金や技術《ぎじゅつ》、品物を提供《ていきょう》して支援《しえん》する。スポンサー企業《きぎょう》にとっては、企《き》業名《ぎょうめい》が出ることで会社の宣伝《せんでん》になる。テレビの場合は、番組のスポンサーになることでCM《シーエム》を放送することができる。

Q 仕事をする上で、大事にしていることは何ですか？

自分が好きなこと以外にも興味《きょうみ》をもって、広い視野《しや》をもつことを大事にしています。

例えば、休みの日に外出したら、あちこちのお店に入り、「何か企画《きかく》のヒントになりそうなことはないかな」と見てまわります。以前、金属《きんぞく》と樹脂《じゅし》が組み合わせられた指輪をお店で見つけたときは、今までに見たことのない素材《そざい》の組み合わせ方でおどろきました。そしてそれが、「G-SHOCK《ジーショック》の場合はどうやって落としこめるのだろう」と企画《きかく》を考えるヒントになりました。こんなふうに、街で出合ったものが新しいアイデアにつながることもあるので、何かを見つけたときにはスマートフォンで写真を撮《と》っておくようにしています。

インターネットでヒントを探《さが》すことも多いですが、自然と自分が興味《きょうみ》のあるものを見てしまうので、あまり見ない分野の記事などにも、意識的《いしきてき》に目を向けるようにしています。

企画《きかく》が固まるまで、他部署《たぶしょ》と打ち合わせを重ねて意見を出し合い、アイデアを練りあげていく。

Q なぜこの仕事を目指したのですか？

子どものころから、何かをつくることが好きだったので、就職先《しゅうしょくさき》はものづくりができるメーカーにしぼって考えていました。学生時代はスポーツ全般《ぜんぱん》が好きでしたが、とくにサッカーに熱中していました。また、ファッションにも興味《きょうみ》がありました。そこで、メーカーのなかでも、スポーツとファッションのふたつの方向からものづくりにアプローチできる会社がよいと考えていました。

G-SHOCK《ジーショック》はずっと愛用していたので、自分にとって身近な存在《そんざい》でした。仕事をするならば、親しみがあるものにたずさわりたい、G-SHOCK《ジーショック》ならスポーツとファッションに関連するものづくりもできると考えて、カシオ計算機《けいさんき》への入社を目指しました。

Q 今までにどんな仕事をしましたか？

入社１年目は「OCEANUS《オシアナス》」というブランドの商品企画《しょうひんきかく》を担当《たんとう》しました。波をモチーフにしたロゴマークが特徴《とくちょう》の、多機能《たきのう》でありながら上品な腕時計《うでどけい》のブランドです。そこで時計の基礎知識《きそちしき》や製造方法《せいぞうほうほう》、マーケティングに関する講習《こうしゅう》を受けて勉強し、仕事の基本《きほん》を身につけました。

教育担当《きょういくたんとう》の先輩《せんぱい》が、意見が言いやすい環境《かんきょう》をつくってくれたので、新人でものびのびとアイデアを出すことができました。２年目からは若手中心《わかてちゅうしん》の企画《きかく》プロジェクトが発足し、部内で新商品に関する提案《ていあん》を行うなど、大勢《おおぜい》の人の前で自分の企画《きかく》を説明する場も多く経験《けいけん》しました。

その後、G-SHOCK《ジーショック》の担当《たんとう》になり、今も若者向《わかものむ》けモデルの企画《きかく》をしています。

スマートフォン

手袋《てぶくろ》やルーペ、ピンセット、工具など

雑誌《ざっし》

PICKUP ITEM

手袋《てぶくろ》やルーペ、ピンセットは、試作品のチェックをするときに使う。新商品のアイデアになりそうなものは、スマートフォンで撮影《さつえい》しておく。参考にしているG-SHOCK《ジーショック》の特集雑誌《とくしゅうざっし》には、歴代《れきだい》モデルが掲載《けいさい》されている。

工場での量産直前の、試作品チェック。文字《もじ》盤《ばん》の印字にずれがないかなど、ルーペを使って、すみずみまで確認《かくにん》する。

Q ふだんの生活で気をつけていることはありますか？

世の中の動きを知るために、積極的に行動するようにしています。私は、まだG-SHOCK《ジーショック》を持っていない20代に向けた商品企画《しょうひんきかく》を担当《たんとう》していますが、こうした購買層《こうばいそう》に「つけてみたい」と思ってもらうためには、何か新しさを感じさせるような工夫が必要なのではないかと思っているんです。そこで、今流行っていることや、多くの人が関心をもっていることなどを、自分から動いて知るようにしています。例えば、アートの展覧会《てんらんかい》に足を運んだり、最新技術《さいしんぎじゅつ》の展示会《てんじかい》に行って、最先端《さいせんたん》の金属《きんぞく》の加工方法やサステナブル※な素材《そざい》について学んだりしています。

Q 仕事をする上で、難《むずか》しいと感じる部分はどこですか？

G-SHOCK《ジーショック》は1983年の発売開始以来、数多くの商品をつくってきました。歴代《れきだい》の担当者《たんとうしゃ》たちが、できることはすべてやりつくしたのではないかと思うほど、さまざまなモデルがあります。その上で、私はさらに新しいアイデアを出さなければならないので、そこがとても難《むずか》しいです。

また、他社とのコラボ商品を出す場合は、相手先のブランドイメージを尊重《そんちょう》しつつも、G-SHOCK《ジーショック》としての品質《ひんしつ》は守らなければなりません。一定基準《いっていきじゅん》の衝撃《しょうげき》や、水圧《すいあつ》に耐《た》えられる性能《せいのう》は保《たも》ちつつ、相手の要望を聞く。その調整には気をつかいます。

Q これからどんな仕事をしていきたいですか？

人々がもつ「アウトドアウォッチとはこういうもの」「G-SHOCK《ジーショック》だからこうだろう」というイメージをこわすことができるような、斬新《ざんしん》な商品を企画《きかく》していきたいです。

だれもがスマートフォンをもつ今、若《わか》い世代を中心に、腕時計《うでどけい》で時間を確認《かくにん》する習慣《しゅうかん》がなくなってきています。なので私は、G-SHOCK《ジーショック》を、時間を確認《かくにん》するツールというだけでなく、「かっこいいから身につけたいブランド」だと思ってもらえる存在《そんざい》に格上《かくあ》げしていきたいと考えています。

具体的に、どのようにアプローチできるか、今はまだ模索中《もさくちゅう》ですが、G-SHOCK《ジーショック》の品質《ひんしつ》は守りながら、それを実現《じつげん》していきたいです。

アウトドアウォッチの商品企画《しょうひんきかく》になるには……

必要な資格《しかく》はとくにありませんが、アウトドアウォッチのような精巧《せいこう》な機械製品《きかいせいひん》をあつかうので、ものの構造《こうぞう》やデジタル機器に関連する機械分野の知識《ちしき》が役に立ちます。機械工学部や電子工学部がある大学に進学するとよいでしょう。また、経済学部《けいざいがくぶ》や商学部で、マーケティングを学ぶことも商品企画《しょうひんきかく》に役立ちます。

高校
↓
大学
↓
アウトドアウォッチのメーカーに就職《しゅうしょく》

※ この本では、大学に短期大学もふくめています。

用語 ※ サステナブル ⇒「持続可能《じぞくかのう》な」という意味。サステナブルな素材《そざい》には、ペットボトルなどからつくったリサイクルポリエステルやリサイクルナイロンなどがある。

Q この仕事をするにはどんな力が必要ですか？

G-SHOCK《ジーショック》は枠《わく》にとらわれず、どんなことでも取り入れられるブランドなので、いろいろな知識《ちしき》や経験《けいけん》が仕事に活かせます。例えば、これまで世界的なヒップホップアーティストやダンサー、アニメ作品などといった、さまざまな分野とのコラボ商品を発表してきました。「自分は興味《きょうみ》がないから」と食わずぎらいをせずに、何にでも興味《きょうみ》をもち、挑戦《ちょうせん》する姿勢《しせい》が必要だと思います。

また、自分の意見や信念をしっかりもって突《つ》き進《すす》む力も必要です。さらに、そこにまわりの人を巻《ま》きこんで仕事を進めるためのコミュニケーション能力《のうりょく》もあるとよいですね。仕事はひとりでは進められません。自分がよいと思ったことやその理由を、しっかり伝えて納得《なっとく》してもらい、まわりの人と協力して仕事を進められることが大切です。

井ノ本《いのもと》さんの夢《ゆめ》ルート

小学校 ▶ プロサッカー選手

ずっとサッカーをやっていたので、
自然とプロの選手になりたいと思うように。

▼

中学校 ▶ 学校の先生

人に何かを教えることが好きで
子どもも好きだったので、先生になりたかった。

▼

高校 ▶ スポーツ系《けい》メーカー社員

昔から好きだったスポーツに関する
仕事をしたいと考えるようになった。

▼

大学 ▶ エンジニア

何かをつくることも好きだったので
ものづくりを仕事にするため、
物理系《ぶつりけい》の学部に進学してエンジニアを目指した。

Q 中学生のとき、どんな子どもでしたか？

私は幼稚園《ようちえん》からずっとサッカーに夢中《むちゅう》で、中学でもサッカー部に入り、ボランチという、中盤《ちゅうばん》のポジションを担当《たんとう》していました。私は兵庫県出身なのですが、入部した当初は、阪神地区《はんしんちく》で最下位でした。しかし、みんなで一生懸命《いっしょうけんめい》練習した結果、最終的には阪神地区《はんしんちく》で1位になることができました。

好きな科目はやはり体育でした。とくに球技《きゅうぎ》が好きだったので、サッカー以外の球技《きゅうぎ》でも友だちとよく遊んでいましたね。体育祭が楽しみで、がんばっていた記憶《きおく》があります。足は速い方だったので、いつもリレーの選手に選ばれていました。毎回リレーに出場して活躍《かつやく》したのも、今となってはよい思い出です。

数学も好きな科目でした。国語とはちがって、答えがひとつしかないですし、公式を覚えて、基礎《きそ》をしっかりおさえておけば、学んだことを組み合わせて答えを導《みちび》き出《だ》せるところにおもしろさを感じました。暗記することが苦手だったので、社会は得意《とくい》ではありませんでしたね。

体育祭では、応援団《おうえんだん》としてエールを送り、体育祭を盛《も》り上《あ》げた井ノ本《いのもと》さん。

サッカー部のユニフォームと、当時はいていたスパイクとレガース（すねあて）は今も大切にとってある。

Q 中学のときの職場体験《しょくばたいけん》は、どこに行きましたか？

中学2年生のときに1週間、自分が卒園した幼稚園《ようちえん》に行きました。

おもな仕事は先生のサポートで、お遊戯《ゆうぎ》や工作の時間に子どもたちの手伝いをしました。最終日には、いっしょに職《しょく》場体験《ばたいけん》に行った6名で、いつも園で行われているお遊戯《ゆうぎ》イベントの企画《きかく》をまかせてもらい、みんなでどんな遊びをするか、考えました。子どもたちに、なかを見ないようにして箱に手を入れ、感触《かんしょく》をたよりに中身を当ててもらうゲームをしたことを覚えています。

Q 職場体験《しょくばたいけん》ではどんな印象《いんしょう》をもちましたか？

幼稚園《ようちえん》は「先生が子どもたちと遊んで楽しそう」という印《いん》象《しょう》をもっていました。ところが、実際《じっさい》に体験してみると、それだけではなく、裏側《うらがわ》では先生たちが、たくさんの事務作《じむさ》業《ぎょう》をこなしているのだと知りました。

それまで、働くということに対しては、何となくはなやかなイメージをもっていましたが、その裏《うら》には、地道な努力があるということを知ったのです。「仕事をする」ということについて、考えるきっかけになったように思います。

Q この仕事を目指すなら、今、何をすればいいですか？

この仕事を目指すのであれば、今からなるべくさまざまなことを体験して、自分の引き出しを増《ふ》やしておきましょう。自分の経験値《けいけんち》をたくわえておくことで、商品を企画《きかく》するアイデアがいろいろな角度から浮《う》かぶようになります。

また、もし私が昔にもどれるなら、もっとほかの国の文化などにふれてみたいです。現在《げんざい》はインターネットが発達しているので、SNS《エスエヌエス》などで世界中に友人をつくったり、多くの文化にふれたり、知らない世界を学んだりしやすい時代です。これもまた、自分の引き出しを増《ふ》やすことにつながるので、機会があったら海外の人と交流してみてください。

ー今できることー

ふだんの暮《く》らし

アウトドアウォッチには、野外活動のときに便利な機能《きのう》が備《そな》わっています。例えば、防水機能《ぼうすいきのう》があれば、川や湖に入ってもこわれる心配はありません。友だちや家族と野外活動を行うときに、あると便利な道具や機械を想像《そうぞう》して、アイデアを考える力をみがきましょう。

また、アウトドアウォッチ以外にも、さまざまなデザインや機能《きのう》の腕時計《うでどけい》があります。お店やWEB《ウェブ》サイト、雑《ざっ》誌《し》で見比《みくら》べて、それぞれどんな目的でつくられた商品なのか、考えてみるとよいでしょう。

社会 最新の技術《ぎじゅつ》や機能《きのう》、また流行の時計デザインについて知ることも大切です。ニュースをみて、トレンドの情報《じょうほう》を調べる習慣《しゅうかん》を身につけましょう。

理科 商品企画《しょうひんきかく》のため、時計の仕組みや耐久性《たいきゅうせい》について、基《き》本的《ほんてき》なことを理解《りかい》する必要があります。物体の運動や電流など、物理分野の知識《ちしき》を身につけておきましょう。

美術 商品のイメージを大きく左右するのは、デザインや配色です。さまざまなアート作品にふれて、商品企画《しょうひんきかく》に役立つ知識《ちしき》や、アイデアの引き出しを増《ふ》やしましょう。

技術 コンピュータを使うことが多い仕事です。技術《ぎじゅつ》の授業《じゅぎょう》で、プログラムの組み方などを学びましょう。

File No.212

アウトドア商品《しょうひん》企画《きかく》

Outdoor Products Planner

ロゴスコーポレーション
官林《かんばやし》龍《りゅう》之《の》介《すけ》さん
入社7年目 28歳《さい》

キャンプが楽しくなる
商品を企画《きかく》して
アウトドアのよさを
伝えていきます

キャンプでテントに泊《と》まったり、みんなでバーベキューを楽しんだり……。自然のなかで、ふだんとはちがう時間を過《す》ごせるのがアウトドアの魅力《みりょく》です。ロゴスコーポレーションでアウトドア商品の企画《きかく》を担当《たんとう》する、官林《かんばやし》龍《りゅう》之《の》介《すけ》さんにお話をうかがいました。

Q アウトドア商品の企画《きかく》とは どんな仕事ですか？

私が働いているロゴスコーポレーションは、アウトドア用品を製造《せいぞう》・販売《はんばい》している会社です。いくつかのブランドを展開《てんかい》していますが、私がおもにたずさわっているのは「LOGOS《ロゴス》」という、テントやシュラフ（寝袋《ねぶくろ》）、バーベキュー用のグリルなどのアウトドア用品をあつかうブランドです。

アウトドアいうと、海、山、川、湖などが思《おも》い浮《う》かぶと思います。LOGOS《ロゴス》は「海辺５メートルから標高800メートルまで」をテーマに、海辺でのバーベキューから、山でのキャンプまで、アウトドアを楽しむさまざまな方に寄《よ》りそえるようなものづくりを目指しています。

私が担当《たんとう》しているのは、おもに持ち運びに便利なアウトドア用のイスで、ベッドやクーラーボックスなども手がけています。１年間にたずさわる商品は、約100種類です。

商品の企画《きかく》が始まってから、お店に並《なら》ぶまでには、１年から1年半かかります。まずは、社長と企画担当《きかくたんとう》のメンバーが集まって会議を行い、翌年《よくとし》にどんな商品をつくるか決めていきます。デザインや機能《きのう》など世の中でどんな商品が求められているのかや、価格《かかく》のことなどについて考えながら、みんなで企画《きかく》を出します。会議で出た企画《きかく》は、営業担当者《えいぎょうたんとうしゃ》にも見せて、意見を取り入れます。企画《きかく》が固まったら、いよいよ商品づくりです。まずは工場でサンプルをつくり、納得《なっとく》のいくものができたら、本格的《ほんかくてき》な製造《せいぞう》が始まります。

ロゴスの商品は、海外の工場でも製造《せいぞう》しているので、１年に10回ほど、各地の工場を訪《おとず》れて、指示通《しじどお》りに商品がつくられているか、品質《ひんしつ》のチェックも行います。

Q どんなところが やりがいなのですか？

企画《きかく》した商品が、だんだんとかたちになっていくのを実感できることが、この仕事のやりがいだと思います。

企画《きかく》が固まったら、自分で商品のデザインをパソコンで図に起こし、それをもとにサンプルづくりを進めていくのですが、１回で納得《なっとく》のいくものができあがることは、まずありません。例えば、イスをつくる場合だと、デザインは思っていた通りに仕上がっていても、イスとしての強度が足りず、強度を上げようと素材《そざい》を変更《へんこう》すると、今度は予算オーバーになってしまう……などということがあります。こうした問題をまわりと調整しながら、ひとつひとつ解決《かいけつ》して、商品はできあがるのです。大変なことは多いですが、実際《じっさい》に商品がお店に並《なら》んだり、キャンプ場で使っている人を見かけたりすると、この仕事をしていてよかったと感じます。

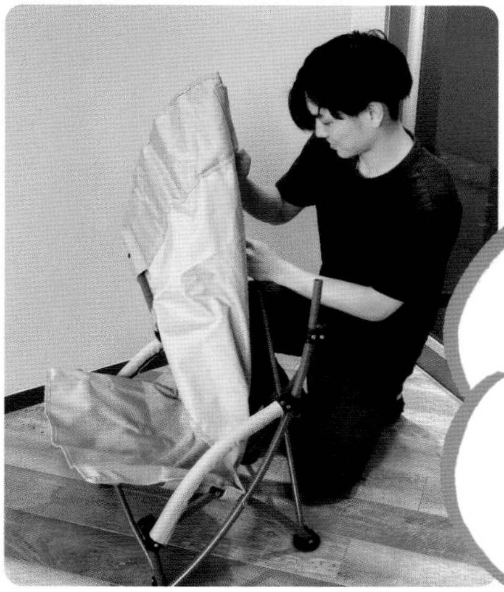

できあがってきたイスのサンプルをチェック。強度や座《すわ》り心地《ごこち》のほかに、持ち運びやすさや組み立てやすさも重要な確認《かくにん》ポイント。

企画担当《きかくたんとう》の仲間たちに、自分が考えたアイデアを見てもらい、意見をもらうことも多い。

官林《かんばやし》さんのある1日

09：00 出社。メールチェック
▼
10：00 商品の発注作業
▼
12：00 ランチ
▼
13：00 新素材《しんそざい》や部品などを製造《せいぞう》している企業《きぎょう》との商談や、企画書作成《きかくしょさくせい》など
▼
18：30 かたづけをして退社《たいしゃ》

Q 仕事をする上で、大事にしていることは何ですか？

私の仕事は、商品を製造《せいぞう》する工場の方や、お店で商品を買ってくださるお客さまたちのおかげで成り立っています。それをつねに意識《いしき》して、感謝《かんしゃ》の気持ちを忘《わす》れないようにすることを大事にしています。

ふだんは、オフィスでパソコンと向き合うことがほとんどで、出張《しゅっちょう》やイベントなどの特別な機会でないと、工場の方やお客さまと接《せっ》することがありません。そうすると、商品のひとつひとつに、多くの人が関わっていることを忘《わす》れがちになります。そうならないよう、工場に足を運んだときや商品の展示会《てんじかい》などで、工場の方やお客さまと接《せっ》する際《さい》には、なるべくコミュニケーションをとるように心がけています。

「商品の展示会《てんじかい》は、お客さまの意見をうかがうチャンスです」と官林《かんばやし》さん。一度完成した商品でも、お客さんの意見をふまえて修正《しゅうせい》を加えることもある。

Q なぜこの仕事を目指したのですか？

小さいころから、絵を描《か》くことやものをつくることが好きだったので、大学ではプロダクトデザインを専攻《せんこう》しました。プロダクトデザインとは、家電製品《かでんせいひん》や文房具《ぶんぼうぐ》、自動車など、身のまわりにあるものの見た目や設計《せっけい》を考えることです。大学の授業《じゅぎょう》や実習はとてもおもしろく、「たくさんの人に喜《よろこ》んでもらえるような、ものづくりの仕事がしたい」と思うようになりました。

私は、もともと、アウトドアの経験《けいけん》があまりなかったので、まさか自分がアウトドア用品の会社に入るなんて、思ってもみませんでした。しかし、たまたま参加した「ロゴスコーポレーション」の会社説明会で、肩《かた》の力がぬけた、飾《かざ》らない雰囲気《ふんいき》を感じて、ほかの会社とはちょっとちがうなと、よい印象《いんしょう》をもちました。それで、「この会社で働きたい」という気持ちが生まれ、入社を志望《しぼう》したのです。

Q 今までにどんな仕事をしましたか？

入社後、商品の企画《きかく》・開発を行う課に配属《はいぞく》されましたが、１年目は、ロゴスがテントのレンタルなどで協力する音楽フェスやライブなどのイベント会場で、準備《じゅんび》や設営《せつえい》を手伝う機会がたくさんありました。音楽フェスやライブの会場では、お客さまがアウトドアブランドのイスを使用していたり、アウトドアファッションで来ていたりすることが多いので、アウトドア用品が、どんな場面で使用されているのか、具体的なイメージをもつきっかけになったと思います。

２年目以降《いこう》は、上司のアシスタントをしながら、商品の企画《きかく》に必要な知識《ちしき》を身につけていきました。アウトドア用品には、雨や風に耐《た》えられるような機能性《きのうせい》の高さが必要です。それに加えて、使用する場所や目的によって、求められる強度も変わってきます。例えば、レジャー用のテントと、雪山でも使えるテントでは、使用する素材《そざい》がちがってきます。上司の手伝いをしながら、商品の用途《ようと》によってどんな素材《そざい》が使われているのかを学んでいきました。また商品は、サンプルを修正《しゅうせい》しながら完成させていきますが、製造工程《せいぞうこうてい》をひと通り知っていないと、的確《てきかく》な修正指示《しゅうせいしじ》が出せません。そのため、工場へ製造工程《せいぞうこうてい》を確認《かくにん》に行く機会もありました。

入社５年目からは、企画《きかく》チームの一員として、責任感《せきにんかん》をもって仕事を進めています。

タブレット

メジャー

PICKUP ITEM

タブレットは、企画中《きかくちゅう》の商品のアイデアを描《か》くときや、サンプルや商品の写真を撮《と》るときに使う。撮《と》った写真にサイズなどを書きこみ、工場への指示書《しじしょ》とすることもある。サンプルのサイズを測《はか》るメジャーには、LOGOS《ロゴス》のシールをはっている。

仕事をする上で、難《むずか》しいと感じる部分はどこですか？

この仕事のやりがいは、企画《きかく》した商品がかたちになるまでたずさわれるところなのですが、すべての工程《こうてい》に、責任《せきにん》をもって関わっていくことは、この仕事の難《むずか》しさでもあります。

強度があって使い勝手もよく、なおかつ、お客さまが手にとりたくなるような商品をつくることが理想で、私たち企《き》画《かく》の担当者《たんとうしゃ》はそれを目指してサンプルの修正《しゅうせい》を重ねていきます。しかし、予算や製造《せいぞう》にかかる日数には限《かぎ》りがあるので、毎回、どんな方法で修正《しゅうせい》すればよいか、とても頭を悩《なや》ませています。しかし、そんなときは、上司や同僚《どうりょう》が相談にのってくれるので、とても心強いです。

工場で、素材《そざい》や製造工程《せいぞうこうてい》について学んだことが今、とても役立っていると感じます。

パソコンに向かい、オンラインで意見交換《いけんこうかん》。「上司や同僚《どうりょう》などから、ちがう視点《してん》での意見を聞くと、答えが見つかることも多いです」

ふだんの生活で気をつけていることはありますか？

アウトドア用品は、さまざまなジャンルと重なる部分があります。例えばアウトドア用の洋服は、動きやすくかわきやすい機能性《きのうせい》に加えて、デザイン性《せい》も高いので、スポーツやファッションと関連があります。キャンプ用の調理器具なら、料理の分野ともつながります。どこに企画《きかく》のヒントがかくれているかわからないので、日ごろから、さまざまな方向にアンテナを張《は》るように心がけています。

また、街ですれちがった人のカバンや洋服は、ついチェックしてしまいますね。「今はこういうデザインや機能《きのう》が人気なんだな」と、参考になります。ほかにも、家具店や雑貨《ざっか》店《てん》の商品には、アウトドア用品に応用《おうよう》できるものもあるので、ふらっとお店に入って、企画《きかく》のヒントを得《え》ることもあります。

これからどんな仕事をしていきたいですか？

この先何十年も、多くの人に使ってもらえるような商品を企画《きかく》していきたいです。アウトドア用品は、水に強いもの、じょうぶで軽いものなど、商品ごとにさまざまな機能《きのう》を備《そな》えています。特別な素材《そざい》を使っていると、値段《ねだん》もそれに見合ったものになります。だからこそ、ずっと大切に使う家具のように、長く愛用してもらえるような商品を手がけられたらいいなと思っています。

ここ数年、アウトドアを楽しむ人が増《ふ》えています。その人気が一時的なものにならないように、ものづくりの立場からアウトドアの楽しさを伝えて、盛《も》り上《あ》げていきたいですね。

アウトドア商品の企画担当《きかくたんとう》になるには……

必要な資格《しかく》はとくにありませんが、ものの構造《こうぞう》や機能《きのう》に関する知識《ちしき》、製品《せいひん》を設計《せっけい》するための技術《ぎじゅつ》を学んでおくと、役に立ちます。工学部や芸術学部《げいじゅつがくぶ》、美術学部《びじゅつがくぶ》などに進み、設計《せっけい》やデザインを学びましょう。または、経済学《けいざいがく》部《ぶ》などでマーケティングの知識《ちしき》を身につけると、世の中に求められる企画《きかく》を考える上で役立つでしょう。

高校

↓

大学・専門学校《せんもんがっこう》

↓

アウトドア商品のメーカーに就職《しゅうしょく》

Q この仕事をするにはどんな力が必要ですか？

自分の意志《いし》をつらぬく、強い気持ちをもつことが必要です。ひとつの企画《きかく》を商品として完成させるまでには、製造《せいぞう》する工場の人たちや、実際《じっさい》に商品を売る営業担当者《えいぎょうたんとうしゃ》や販売《はんばい》担当者《たんとうしゃ》に、企画《きかく》の意図をきちんと伝え、「製品化《せいひんか》することにこんな意義《いぎ》がある」「こんなにすばらしい商品だ」ということを説明できなければいけません。ここで、私自身の軸《じく》がぶれて、あいまいな説明しかできないと、だれにも商品のよさを理解《りかい》してもらえません。反対に、きちんと筋《すじ》の通った話ができれば、相手も「なるほど」と納得《なっとく》してくれます。

もちろん、言いたいことを一方的に伝えるのでなく、自分の軸《じく》をもった上で、まわりの意見を尊重《そんちょう》し、取り入れられる柔軟性《じゅうなんせい》も必要だと思います。

官林《かんばやし》さんの夢《ゆめ》ルート

小学校 ▶ プロ野球選手

野球をやっていたので、
プロ野球選手になりたいと考えていた。

▼

中学校 ▶ とくになし

プロ野球選手は難《むずか》しそうだと思うように。
とくに就《つ》きたい仕事はなかった。

▼

高校 ▶ とくになし

働くことについて
具体的なイメージはなかった。

▼

大学 ▶ プロダクトデザイナー

絵を描《か》くことが好きだったため、
デザイン系《けい》の学部に進学。
プロダクトデザイナーを目指して
専門的《せんもんてき》に勉強した。

Q 中学生のとき、どんな子どもでしたか？

小学校から野球をやっていたので、中学で軟式野球部《なんしきやきゅうぶ》に入りました。ポジションは、ピッチャーと内野です。当時は「プロ野球選手になりたい」という夢《ゆめ》をもっていましたが、プロ野球選手は、少年時代に硬式《こうしき》を経験《けいけん》する人が多いので、中学で軟式《なんしき》を選んだ時点で、プロはちょっと難《むずか》しいかな、と思うようになりました。でも、部活には熱心に取り組み、平日の放課後はもちろん、休日も練習や試合に明《あ》け暮《く》れていました。当時のメンバーとは、大人《おとな》になった今もつきあいが続いていて、ときどき地元の野球大会にも参加しています。

アウトドアの経験《けいけん》でいうと、私の地元は自然豊《しぜんゆた》かな地域《ちいき》なので、自転車で３〜４時間かけて山を登ったり、川で遊んだりしていました。また、中学１年生のときに参加したキャンプ研修《けんしゅう》では、登山やキャンプファイヤー、カレーづくりなどを体験しました。いちばん記憶《きおく》に残っているのは、バーベキューでタマネギの丸焼きに失敗し、生焼け状態《じょうたい》でおなかをこわしたことです。今ふりかえると、キャンプという非《ひ》日常《にちじょう》のなかでは、楽しかったことだけでなく、失敗した経験《けいけん》もよい思い出になることに気づかされます。アウトドアでの経験《けいけん》は、それだけ特別な時間なんだと思います。

中学時代の官林《かんばやし》さんは、部活以外に、地元のクラブチームにも所属《しょぞく》。野球づけの毎日だった。

中学１年生のキャンプ研修《けんしゅう》の後、体験したことをまとめた「キャンプ新聞」

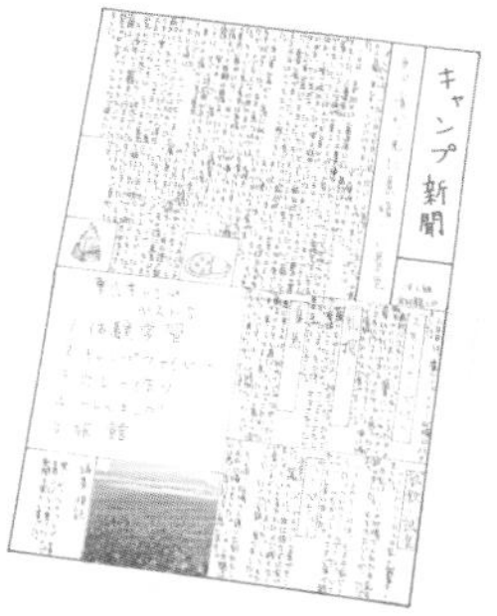

Q 中学のときの職場体験《しょくばたいけん》は、どこに行きましたか？

２年生のときに、職場体験《しょくばたいけん》として千歳《ちとせ》あめ屋さんに１日だけ行きました。こぢんまりとした老舗《しにせ》の商店です。何かをつくる仕事がしたくて選びました。

職人《しょくにん》の方に教えてもらいながら、いっしょに職場体験《しょくばたいけん》に行った仲間たちと、まだやわらかいあめをどんどん長くのばし、適度《てきど》な長さに切って、ふくろづめしていきました。とても楽しかった記憶《きおく》がありますね。

Q 職場体験《しょくばたいけん》ではどんな印象《いんしょう》をもちましたか？

職場体験《しょくばたいけん》をするまでは、自分で何かものをつくっても、完成させたら終わりで、その先はありませんでした。自分だけの満足で終わっていたからだと思います。

職場体験《しょくばたいけん》では、自分のつくったあめを店頭で販売《はんばい》することも経験《けいけん》させてもらいました。自分がつくったものを、お客さんに食べてもらったことは、貴重《きちょう》な経験《けいけん》になりましたね。

たった１日の体験でしたが、自分のつくったもので、だれかが喜《よろこ》んでくれるのは、こんなにうれしいことなんだと、わくわくしたのを覚えています。

このときに感じた喜《よろこ》びは、今の仕事にもつながっている部分があるのかもしれません。

Q この仕事を目指すなら、今、何をすればいいですか？

外に出て、見たり、聞いたり、ふれたりと、五感を使ってさまざまなことを経験《けいけん》してください。今の時代は、わからないことがあっても、インターネットで検索《けんさく》したり動画を観たりすれば、すぐに答えが出て解決《かいけつ》してしまいます。しかし、実際《じっさい》に自分の体や五感を通して得《え》た知識《ちしき》は、みなさんのなかにしっかりと残り、５年後、10年後に活きてくるはずです。

私にとっては、キャンプでタマネギが生焼けになって失敗したことや自転車で山登りしたこと、友人たちと部活をがんばったことなどが、今、財産《ざいさん》となっています。みなさんも、「自分の体で、何かを感じる」ことを大切にしてください。

－今できること－

ふだんの暮《く》らし

優《すぐ》れた商品を企画《きかく》するには、使う人の気持ちを知る必要があります。機会があればどんどんキャンプに行き、楽しさを自分で体験するとともに、楽しかったことや不便だったこと、また自分ならどんな製品《せいひん》がほしいかを考えて、ノートなどに記してみましょう。

また、アンテナを張《は》って、流行や人びとの動向をとらえておくことも大切です。インターネットやテレビなどで情報《じょうほう》をチェックしておくとともに、なぜそれが流行しているのか自分なりに考えてみましょう。

国語 商品企画《しょうひんきかく》には多くの人が関わります。自分の考えを伝えたり、意見を聞いてまとめたりするには、国語をしっかり学び、話す力・聞く力を養う必要があります。

理科 自然にふれるキャンプでは、気象《きしょう》の変化や、大地の成り立ち、動物・植物についての知識《ちしき》が役立ちます。野外観察の方法もしっかり覚えておきましょう。

美術 便利なだけでなく、持っていて楽しい商品をつくるには、デザインも大切です。かたちや色彩《しきさい》、素材《そざい》について学んで、センスをみがいておきましょう。

体育 商品企画《しょうひんきかく》をするからには、自分がアウトドアを体験する機会も増《ふ》えます。しっかり体力をつけておきましょう。

File No.213

森林官

Forest Officer

林野庁《りんやちょう》 関東森林管理局《かんとうしんりんかんりきょく》

西村優希《にしむらゆうき》さん

入庁《にゅうちょう》13年目 33歳《さい》

未来に豊《ゆた》かな森を残すため、木々を育て、「山づくり」をしています

「森林官」は、国有林の管理を行う国家公務員《こっかこうむいん》です。山のようすを確認《かくにん》し、木を伐《き》って販売《はんばい》したら、その地にまた木を植えて、山の木々を育てていきます。50年先を考えながら山づくりを行う、森林官の西《にし》村優希《むらゆうき》さんにお話をうかがいました。

Q 森林官とはどんな仕事ですか？

日本は世界でも有数の森林国で、国土の約７割《わり》が森林です。そのうちの3割《わり》が、国が所有する「国有林」です。

この国有林を管理して木を育て、育った木から木材を伐《き》り出《だ》して販売《はんばい》すること、そして、新しい苗木《なえぎ》を植えて、次世代の木を育てていくことが、私たち森林官のおもな仕事です。木が育つには長い年月が必要なので、森林官の仕事の成果がわかるのが数十年先ということもあるのです。

山の管理は、木材を得《え》るためだけに行うのではありません。山の木々は、空気中の二酸化炭素《にさんかたんそ》と水を吸《す》って、そこから酸素《さんそ》をつくり出します。これは、きれいな空気をつくり、環境《かんきょう》を守ることにつながります。また、山に木々が根を張《は》って育つことで、大雨が降《ふ》ったときなどに表面の土が流れ出すのをおさえ、土砂災害《どしゃさいがい》の防止《ぼうし》につながります。このように、山を管理することには、さまざまな意味合いがあるのです。

森林官は、ひとりひとり担当《たんとう》する区域《くいき》が決まっています。山を管理するには、山の状態《じょうたい》を知ることが大切だからです。そのため、日ごろから担当区域《たんとうくいき》を歩いて、自分の目で山のようすをよく見ています。また同時に、違法《いほう》な伐採《ばっさい》や土砂災害《どしゃさいがい》が起きていないかも確認《かくにん》しています。

木材を伐《き》り出《だ》す前には、「収穫調査《しゅうかくちょうさ》」を行います。山を歩きながら、「このあたりの木は、十分育っている」「このあたりは、もう少しようすを見よう」などと、見当をつけるのです。そして、１本１本の木の「材積」を測《はか》って、具体的にどの木を伐《き》るか決めていきます。材積とは、木の体積のことで、専用《せんよう》の道具で木の高さや直径を測《はか》って割《わ》り出《だ》していきます。伐《き》り出《だ》すことに決めた木には、目印である「極印《ごくいん》」を打ちます。

ひとつの山に、国有林の部分と、個人所有《こじんしょゆう》の部分がある場合も多いので、木を伐《き》る前には、国有林に隣接《りんせつ》する土地を所有している方や、地域《ちいき》の役所に連絡《れんらく》して、日程《にってい》などの調整を行います。こうしたさまざまな準備《じゅんび》をして、実際《じっさい》に木材を販売《はんばい》するまでには、約１年かかります。

輪尺《りんじゃく》という専用《せんよう》の道具で木の直径を測《はか》る。木の材積は、１本１本、計算して割《わ》り出《だ》す。

Q どんなところがやりがいなのですか？

自分の考えで「山づくり」ができるところです。

森林官は自分の目で見て山の状態《じょうたい》を判断《はんだん》し、山を育てるために必要な保育計画《ほいくけいかく》を立てていきます。

私が思う「いい山」は、さまざまな植物が育つなかに、太さのある木がどっしりと育っている山です。

木が太く育つためには、苗木《なえぎ》の状態《じょうたい》のころから、たっぷりと日光を浴びる必要があります。山のなかには、苗木《なえぎ》以外にもたくさんの植物が育ちますから、放っておくと、まわりの草木がのびて、苗木《なえぎ》に当たる日光をさえぎってしまいます。そのため、人の手でこまめに下草を刈《か》ったり、雑木《ぞうき》を伐《き》ったりしています。また、木々が密集《みっしゅう》して育ってしまった場合は、木の本数を間引きする「間伐《かんばつ》」を行って、１本１本の木が日光を浴びられるようにします。こうした作業が行《ゆ》き届《とど》いている山は、遠くから見てもきれいなんです。

私が目指すのは、このきれいな山です。苗木《なえぎ》がある程度《ていど》の大きさまで育つには、10〜15年、さらに、太く立派《りっぱ》な木にするには、もっとかかります。

きれいな「いい山」を育てるために、目の前にある問題を解決《かいけつ》するだけではなく、未来を見すえた作業計画を立てることを意識《いしき》しています。

西村《にしむら》さんのある1日

09：00 出所。現場《げんば》に出る準備《じゅんび》をして、メールをチェック
▼
09：15 現場作業《げんばさぎょう》（現場《げんば》に出ない日は事務所《じむしょ》で事務作業《じむさぎょう》をしたり、地域《ちいき》の役所など外部の人とやりとりをしたりする）
▼
12：00 昼休み（作業の進み具合によってはずれることもある）
▼
12：45 午前中の作業の続き
▼
16：00 帰所。かたづけ、現場作業《げんばさぎょう》のまとめ（調査結果《ちょうさけっか》のまとめ、写真の整理など）
▼
17：30 メールをチェックして退所《たいしょ》

Q 仕事をする上で、大事にしていることは何ですか？

私たちの仕事は自然が相手です。なので、「自分の思った通りに仕事が進むとは限《かぎ》らない」という意識《いしき》をもつようにしています。

担当《たんとう》する区域《くいき》で大雨や地震《じしん》などによる土砂災害《どしゃさいがい》が起これば、作業計画を変更《へんこう》する必要が出てきます。また、近年、野生のシカやカモシカ、クマによる「獣害《じゅうがい》」も増《ふ》えていて、例えば、冬の間はエサが少なくなるので、シカやクマにスギやヒノキを食べられてしまうことがあります。こうした自《し》然災害《ぜんさいがい》や動物による被害《ひがい》は、予測《よそく》できない場合が多いです。悪いことでもまずは受け入れて、目的を達成するための最《さい》適《てき》な方法を冷静に考え、最善《さいぜん》をつくすことを意識《いしき》しています。

山を歩き、自然災《しぜんさい》害《がい》や獣害《じゅうがい》の被害《ひがい》を確認《かくにん》した場所は、地図で確《たし》かめて、仲間と共有する。

Q なぜこの仕事を目指したのですか？

私は農業高校に進学して、生物工学部という部活に入っていました。わさびの病気を研究して、賞《しょう》をもらったこともあります。その経験《けいけん》もあり、植物病理学※が学べる大学を受験したのですが、落ちてしまいました。そこで先生に進路《しんろ》変更《へんこう》について相談したところ、公務員試験《こうむいんしけん》に力を入れている農林系《のうりんけい》の大学校に進学して、林野庁《りんやちょう》を目指してはどうかとすすめられました。そのときは、「そういう道もあるのか」と、そこまで深く考えずに進路を変更《へんこう》しました。

林業のことを知らない状態《じょうたい》で進学したので、大学校に入ってから、林業関連の会社の説明会やインターンシップ※に積極的に参加しました。実際《じっさい》に働いて、林業にたずさわる方々と作業するうちに、いつの間にか山の魅力《みりょく》に取りつかれていました。また、次世代の林業を担《にな》う若手《わかて》が集う勉強会に参加したとき、自分と近い年代の方たちが熱心に林業の未来を語るようすを見て、「自分も林業の発展《はってん》にたずさわりたい、林野庁《りんやちょう》に入ろう」と思うようになりました。

Q 今までにどんな仕事をしましたか？

最初の5年は群馬県内の森林管理署《しんりんかんりしょ》に勤務《きんむ》していました。木が育ちやすい環境《かんきょう》の整え方や、木の材積の測《はか》り方《かた》など、基礎的《きそてき》なことを4年学びました。そして残りの1年は、間伐《かんばつ》で伐《き》り出《だ》した木材を活用した製品《せいひん》の生産係や、地域《ちいき》の小学生たちに、森林に親しんでもらうためのレクリエーションを提供《ていきょう》するふれあい係を担当《たんとう》しました。この1年は、山の現場《げんば》以外の仕事を経験《けいけん》する貴重《きちょう》な機会でしたね。

次は、関東森林管理局《かんとうしんりんかんりきょく》の総務企画部《そうむきかくぶ》で5年間、予算の管理や地震《じしん》などの防災対策《ぼうさいたいさく》の業務《ぎょうむ》、国有林の統計業務《とうけいぎょうむ》などを担当《たんとう》しました。また、このころは森林管理にドローンが導《どう》入《にゅう》され始めた時期だったこともあり、使用規則《しようきそく》づくりや研《けん》修《しゅう》にもたずさわりました。ドローンを使うと、山の状態《じょうたい》を上空から見ることができるので、災害《さいがい》が起こったときなどは、被害《ひがい》の範囲《はんい》をすばやく知ることができて便利なのです。

それから現在《げんざい》の森林管理署《しんりんかんりしょ》に異動《いどう》し、署内《しょない》で森林育成《しんりんいくせい》業務《ぎょうむ》を担当《たんとう》した後、森林官になりました。

歩くときにじゃまになる草木は伐《き》りながら進む。「5年間、山と離《はな》れていたので、現場《げんば》にもどったばかりのころは、感覚を取りもどすのが大変でした」と西村《にしむら》さん。

Q 仕事をする上で、難《むずか》しいと感じる部分はどこですか？

森林官は、およそ3年ほどの周期で異動《いどう》があります。森林官の業務《ぎょうむ》には、森林管理のほかにも、私が過去《かこ》に経験《けいけん》してきた予算管理や統計業務《とうけいぎょうむ》などがあります。そのため、異《い》動《どう》した部署《ぶしょ》によっては、まったくちがう仕事をいちから覚えなくてはいけない場合があり、異動《いどう》したてのときは、大変です。

私は、新しいことを覚えるときは、自分だけで何とかしようとせずに、くわしい人に聞くことを意識《いしき》しています。反対に、異動《いどう》してきた人に自分が教える立場になったら、丁寧《ていねい》に対応《たいおう》するように心がけています。

用語　※ 植物病理学 ⇒ 植物の病気を診断《しんだん》して、予防《よぼう》や治療《ちりょう》を行うための学問分野。

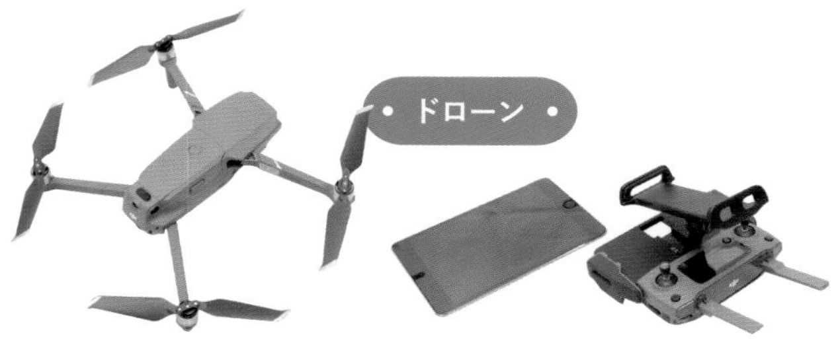

ドローン

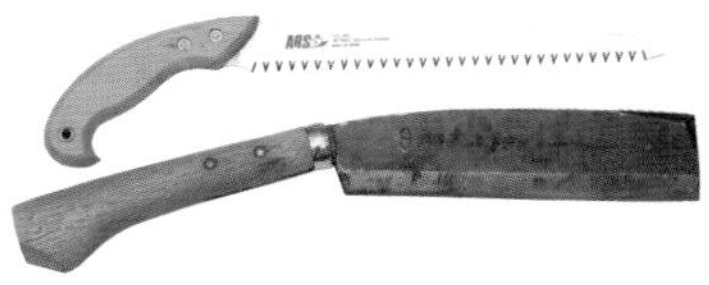

のこぎりとなた

ビーコンつき携帯《けいたい》

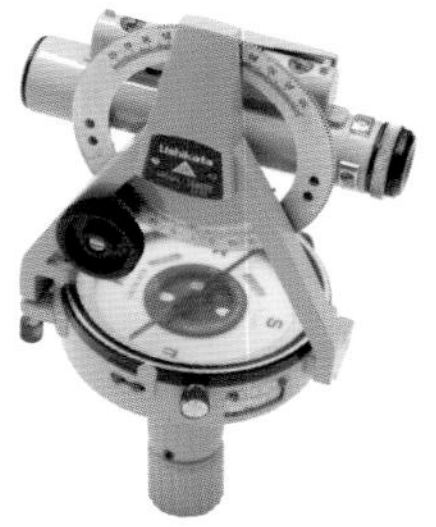

コンパス

極印《ごくいん》とインク

PICKUP ITEM

災害《さいがい》などで山がくずれたりしたときに山や森の被害《ひがい》をドローンを使って確認《かくにん》する。のこぎりとなたは歩くときにじゃまになる木を伐《き》るために必ず持ち歩く。携帯電話《けいたいでんわ》のストラップについているビーコンから電波が発信されていて、遭難時《そうなんじ》にこの電波で位置を捉《とら》えてもらうことができる。コンパスは、方位や傾斜《けいしゃ》を計測《けいそく》するための測量《そくりょう》機器《きき》で、山の中でも持ち運びしやすいように折りたたむことができる。極印《ごくいん》とインクは、販売《はんばい》する予定の木に印をつけるためのもの。

Q ふだんの生活で気をつけていることはありますか？

林業は、ほかの産業に比《くら》べて、労働災害《ろうどうさいがい》が多いといわれています。森林官の仕事も危険《きけん》が多く、家族に心配や負担《ふたん》をかけないように、けがや事故《じこ》には気をつけています。

仕事をつめこむと、事故《じこ》につながる場合が多いので、無理をしないように意識《いしき》しています。どうしてもやりたいことや、その日中に、と頼《たの》まれた仕事でも「今日はできない」と割《わ》り切《き》ることも大切です。責任《せきにん》をもち、最終的に間に合うように仕上げれば、誠意《せいい》が通じると思って仕事に取り組んでいます。

Q これからどんな仕事をしていきたいですか？

今は、森林官が管理できるのは国有林だけですが、民有林(企業《きぎょう》や個人《こじん》が所有する山林)もふくめ、民間と国で力を合わせて、地域《ちいき》ごとに林業を活性化《かっせいか》できるような仕組みをつくりたいです。学生時代に経験《けいけん》したインターンシップでは、将来《しょうらい》の林業をよくしていこうと、多くの人が動き始めていました。そんな人たちに恩返《おんがえ》しする意味もこめ、林業全体の発展《はってん》につながるような仕事に力を注いでいきたいです。

そのために目指しているのが、「森林総合監理士《しんりんそうごうかんりし》」資格《しかく》の取得《しゅとく》です。これは、地域《ちいき》の林業を活性化《かっせいか》するリーダーのような役割《やくわり》を果たす人材を育てるため、数年前にできた国家《こっか》資格《しかく》で、森林や林業に関する高度な知識《ちしき》や技術《ぎじゅつ》をもつ人が取得《しゅとく》できるものです。資格《しかく》をとって、人の役に立てるようになれれば、うれしいですね。

森林官になるには……

森林官になるには、国家公務員試験《こっかこうむいんしけん》(一般職《いっぱんしょく》)に合格《ごうかく》する必要があります。大学で林業学や林産学、農業学、植物学などを専攻《せんこう》するほか、県立の研修教育機関《けんしゅうきょういくきかん》でもある農林大学校で学ぶこともできます。

林野庁《りんやちょう》に採用《さいよう》されると森林官になることができますが、人数が限《かぎ》られ、せまき門です。現場《げんば》で経験《けいけん》を積み、知識《ちしき》や技術《ぎじゅつ》を身につけて、初めて森林官に任命《にんめい》されます。

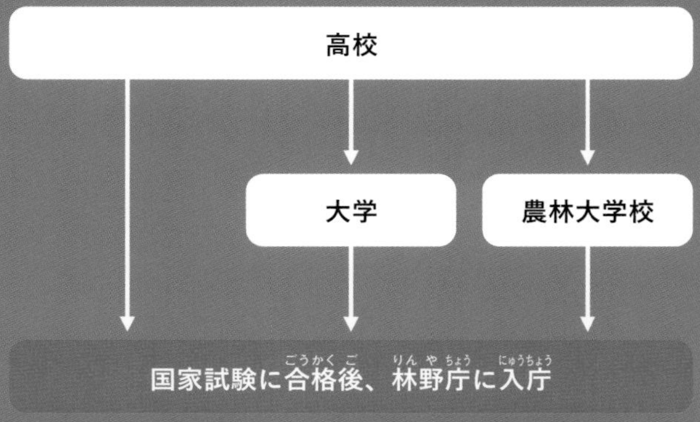

用語 ※ インターンシップ ⇒ 大学生や高校生が在学《ざいがく》中に、企業《きぎょう》で就業体験《しゅうぎょうたいけん》ができる制度《せいど》。

Q この仕事をするにはどんな力が必要ですか？

できることとできないことを認識《にんしき》する力、どれから始めればよいか優先順位《ゆうせんじゅんい》を決める判断力《はんだんりょく》が必要です。

森林官の仕事は、限《かぎ》りがありません。でも、屋外での仕事は日が落ちるまでしかできません。時間的にも体力的にも限界《げんかい》があるのが事実です。安全のためにも、そうした判断《はんだん》力《りょく》は欠かせません。

山のなかで自分がいる位置を見失わないように、地図やGPS《ジーピーエス》で位置確認《いちかくにん》。安全を守りながら働くことも重要。

西村《にしむら》さんの夢《ゆめ》ルート

小学校 ▶ 玩具《がんぐ》メーカー社員

ミニカーやプラモデルが好きだった。

▼

中学校 ▶ とくになし

将来《しょうらい》の仕事についてあまり考えていなかった。

▼

高校 ▶ だれかの助けになる仕事

漠然《ばくぜん》と農業系《のうぎょうけい》の進路を考えていたが、
仕事につながるイメージがもてなかった。
具体的な目標はなく、だれかの助けになる
仕事に就《つ》きたいと思っていた。

▼

大学校 ▶ 林野庁職員《りんやちょうしょくいん》

高校の先生にすすめられ、
林野庁《りんやちょう》に入るために
公務員《こうむいん》を目指しやすい農林大学校に進学した。

Q 中学生のとき、どんな子どもでしたか？

正直なところ、中学時代は、あまりやる気がある子どもではありませんでした。私が通っていた中学校は、あちこちの地域《ちいき》から生徒が集まった規模《きぼ》の大きな学校で、１学年に300人近い生徒がいました。そのため、小学校で仲のよかった友だちとは、クラスも教室の場所もはなれてしまい、あまり会えなくなってしまったのです。急に友だちがいなくなったことで、すっかりやる気をなくしてしまいました。

好きな科目は社会と理科です。授業《じゅぎょう》は集中して受けていたので、成績《せいせき》では困《こま》りませんでした。ただし、数学と英語は苦手でしたね。

２年生のとき、面談で、担任《たんにん》の先生から「やる気がない」としかられたことがあります。「英語を使うつもりがないので勉強したくない」と伝えたら、ものすごく怒《おこ》られて落ちこみました。後になって、「先生は自分を心配して言ってくれたのだから、その気持ちを理解《りかい》してもっと勉強しておけばよかった」と反省しました。高校と大学校では、打って変わってやりたいことに積極的に取り組むようになりましたが、今にして思えば、先生にしかられたことがきっかけでしたね。

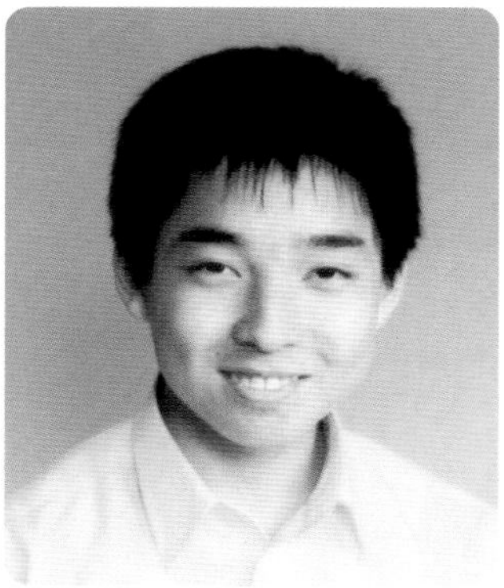

中学時代の西村《にしむら》さん。部活ではパソコン部に所属《しょぞく》して、プログラミングを学ぶなどしていた。

Q 中学のときの職場体験《しょくばたいけん》は、どこに行きましたか？

職場体験《しょくばたいけん》は保育園《ほいくえん》に２日間行きました。すごく楽しかった印象《いんしょう》があります。「仕事をさせる」というよりは「体験させる」という場だったようで、厳《きび》しい指導《しどう》もありませんでした。

また、２年生のときに職業《しょくぎょう》の適正《てきせい》テストを受けた記憶《きおく》があります。人の助けになるような職業《しょくぎょう》の作業療法士《さぎょうりょうほうし》や介護《かいご》士《し》などが向いているという結果でした。

職場体験先《しょくばたいけんさき》の保育《ほいく》園《えん》では、給食の手伝いを経験した。

Q 職場体験《しょくばたいけん》ではどんな印象《いんしょう》をもちましたか？

保育園《ほいくえん》で担当《たんとう》したのは年少のクラスで、朝の歌や体操《たいそう》、お散歩、給食、お昼寝《ひるね》などの手伝いをしました。私のまわりには、ふだん小さな子どもがいなかったので、最初のうちはどう接《せっ》したらよいのかわかりませんでした。でも、しばらくすると子どもたちがなついてくれて、楽しそうに遊んでくれたので、自分も楽しく取り組めました。お昼寝《ひるね》で寝《ね》かしつけに成功したときは達成感がありましたね。

子どもを相手にする大変さや責任《せきにん》の重さを体験して、保《ほ》育士《いくし》の方々を尊敬《そんけい》する気持ちになりました。

Q この仕事を目指すなら、今、何をすればいいですか？

森林官は国家公務員《こっかこうむいん》なので、やはり勉強が大切です。私は高校卒業で受験できる「Ⅲ種（現《げん》：一般職《いっぱんしょく》）」で林野庁《りんやちょう》に入りましたが、いわゆるキャリアと呼《よ》ばれる「総合職《そうごうしょく》」を受けるには、大学卒業程度《ていど》の学力が必要です。総合職《そうごうしょく》で入庁《にゅうちょう》すると国の森林について、大きな視点《してん》をもつ機会が増《ふ》え、仕事のはばや道が広がる可能性《かのうせい》があります。

もちろん、勉強だけが大切なわけではないですが、夢《ゆめ》や適性《てきせい》を活かすには学力が必要です。学力があれば、進路を選ぶはばも広がります。今から努力すれば人生にさまざまな選択肢《せんたくし》が増《ふ》えるはずなので、がんばってください。

– 今できること –

ふだんの暮《く》らし

森林は、木材を生産するだけではなく、植物や動物のすみかとなったり、土《ど》砂災害《しゃさいがい》から人の生活を守ったりしてくれます。林間学校や林業体験などの自然にふれる行事を通して、森林のさまざまな役割《やくわり》について考え、自然を大切にする意識《いしき》をもちましょう。

また、家族といっしょに、登山やハイキングの計画を立ててみるのもおすすめです。地図の読み方や山の生《せい》態系《たいけい》などを調べて、自然のなかで安全に過《す》ごすための知識《ちしき》を身につけましょう。

数学　森林官は、木の高さや直径などを計測《けいそく》して、森林の調《ちょう》査《さ》を行います。調査《ちょうさ》した数値《すうち》をもとに森林を育てる計画を考えるため、数学の基礎《きそ》を身につけましょう。

理科　自然に関わるあらゆる知識《ちしき》が役に立つ仕事です。身近な植物や動物の特徴《とくちょう》を観察したり、気象観測《きしょうかんそく》の方法を学んだりして、自然環境《しぜんかんきょう》への理解《りかい》を深めましょう。

体育　山のなかを歩くことが多い仕事です。運動をして、体力をつけましょう。また、保健《ほけん》の授業《じゅぎょう》で、応急手当《おうきゅうてあて》の方法や自然災害《しぜんさいがい》に備《そな》えるための知識《ちしき》を学びましょう。

技術　ものづくりの授業《じゅぎょう》を通して、材料に適《てき》した加工法を学び、工具や機器を安全に使えるようにしましょう。

File No.214

スポーツ自転車設計《せっけい》

Sports Bicycle Design

ブリヂストンサイクル
米田紘貴《よねだこうき》さん
入社6年目 31歳《さい》

走る楽しさが味わえる自転車を設計《せっけい》しています

すばらしい景色のなかで季節を感じながらサイクリングをしたり、風を切って自転車を走らせたりするのは、とても健康的です。「ブリヂストンサイクル」で、スポーツ自転車の設計《せっけい》を担当《たんとう》する米田紘貴《よねだこうき》さんに、仕事への思いをうかがいました。

Q スポーツ自転車の設計《せっけい》とはどんな仕事ですか？

ブリヂストンサイクルは、タイヤメーカーの「ブリヂストン」から自転車部門が独立《どくりつ》してできた会社で、自転車の設計《せっけい》や生産、販売《はんばい》を行っています。

私は設計開発部《せっけいかいはつぶ》で、スポーツ自転車の設計《せっけい》をしています。スポーツ自転車には、長い距離《きょり》を走るのが得意《とくい》な「ロードバイク」、でこぼこ道が走りやすい「マウンテンバイク」、ふだん使いもでき、スポーツ自転車の入門者にも乗りやすい「クロスバイク」などがあります。さらに、同じ種類のスポーツ自転車でも、競技用《きょうぎよう》のものと街中でも乗れるものがあり、ブレーキやサドルの位置などがちがいます。

スポーツ自転車の開発は、まず企画担当者《きかくたんとうしゃ》が、どんな人がどういうときに乗る自転車をつくるのか考えて、企画《きかく》を練るところから始まります。企画《きかく》ができると、次はデザイナーが、自転車のデザインを考えます。できあがったデザイン画に沿《そ》って、乗り心地や走りやすさなどを考えながら、自転車を設計《せっけい》するのが私の仕事です。

設計《せっけい》の仕事は、デザイナーが描《か》いたデザイン画をパソコンで3D《スリーディー》化し、自転車の強度を計算するところから始まります。強度があって、しかも軽くて乗りやすい自転車になるように、車体の骨格《こっかく》となる「フレーム」の素材《そざい》を選んだり、かたちを工夫したりします。3D《スリーディー》プリンター※で実物大の模型《もけい》を出力し、設計《せっけい》を確認《かくにん》することもあります。また、自転車が前に進むときに感じる、空気抵抗《くうきていこう》を減《へ》らすことも大切です。自転車が進むときは、まわりの空気とぶつかって抵抗《ていこう》を感じますが、この抵抗《ていこう》を受け流すような設計《せっけい》が求められます。

強度や乗り心地を確認《かくにん》しながら、工場で何度か試作品をつくり、自転車の構造《こうぞう》に問題がないことが確認《かくにん》できて初めて量産され、商品になります。設計《せっけい》の仕事というと、図面を描《か》くイメージがあるかもしれませんが、それは一部分で、乗り心地のテストや、そのデータを分析《ぶんせき》して改良する作業に、多くの時間を割《さ》いています。

「設計《せっけい》した自転車が発売されるのは、2～3年先です。毎年、新作を発表するので、モデルチェンジの分と合わせて、つねに複数台《ふくすうだい》の設計《せっけい》を担当《たんとう》しています」と米田《よねだ》さん。

Q どんなところがやりがいなのですか？

子どもから大人《おとな》まで、多くの方に親しまれている乗り物の開発ができることは、大きなやりがいです。自転車を購《こう》入《にゅう》されたお客さまから、私が設計《せっけい》した自転車について、「走るのが楽しい」「乗り心地がよい」という喜《よろこ》びの感想をいただくと、うれしいですね。仕事の疲《つか》れもふきとびます。

また、一般《いっぱん》の方だけでなく、選手のために自転車を設計《せっけい》できるのも、この仕事の魅力《みりょく》です。ブリヂストンサイクルには、自転車競技《じてんしゃきょうぎ》のチームがあります。私の手がけた自転車に乗った選手が、世界的なレースで好成績《こうせいせき》を出すことを目標に、私も日々がんばっています。

米田《よねだ》さんが開発にたずさわった、レース用のスポーツ自転車。「レース用は、ハンドルがとても低い位置にあるのが特徴《とくちょう》です」

米田《よねだ》さんのある1日

09:00 出社。メールチェックの後、新聞やWEB《ウェブ》サイトなどの自転車記事を確認《かくにん》

10:00 設計業務《せっけいぎょうむ》

12:00 ランチ

13:00 デザイナーや試作品づくりを担当《たんとう》する工場との打ち合わせ

14:00 商品のチェック

16:00 試作品で実走試験。乗り心地などを評価《ひょうか》する

17:00 評価《ひょうか》した数値《すうち》の解析《かいせき》や試験結果の確認《かくにん》

18:00 退社《たいしゃ》

用語 ※ 3D《スリーディー》プリンター ⇒パソコンで設計《せっけい》された立体のデータをもとに、立体の物をつくりだす機械のこと。

Q 仕事をする上で、大事にしていることは何ですか？

「人が動かすものを設計《せっけい》する」という意識《いしき》をつねにもつことを大事にしています。自動車と異《こと》なり、自転車を動かしているのは人の力です。スポーツ自転車の特徴《とくちょう》である「より長く、より速く」という性能《せいのう》を十分に引き出すには、乗る人が長時間、快適《かいてき》に走れる構造《こうぞう》にすることが求められます。そのため設《せっ》計《けい》では、計算の結果として出てきた強度などの数字と同じくらい、人が実際《じっさい》に試乗して感じた、乗り心地や疲《つか》れやすさなどを表す「官能評価《かんのうひょうか》」を大切にしています。

また、毎年新作を開発し、販売《はんばい》するため、最新の情報《じょうほう》をチェックすることも大事にしています。自転車の開発は、ヨーロッパやアメリカなどの方が盛《さか》んなため、流行やファッション性《せい》、新しい素材《そざい》、加工方法など、海外の論文《ろんぶん》や記事を読むことも欠かせません。

3D《スリーディー》化した部品を見ながら、デザイン担当者《たんとうしゃ》と打ち合わせ。具体的なイメージを共有しながら、問題点などを話し合う。

Q なぜこの仕事を目指したのですか？

自転車好きの父といっしょに、中学生のころから、自転車で遠くに出かけたり、山を登ったりしていました。その経験《けいけん》から、自転車が好きになったのだと思います。高校まではふつうの自転車に乗っていたのですが、大学に入学して、前から気になっていたロードバイクを買いました。

初めてロードバイクに乗ってみて、あまりの軽さや走りやすさに「なんだ、これは！」と感動し、それからはスポーツ自転車にすっかり夢中《むちゅう》になりました。スポーツ自転車は、メーカーや設計者《せっけいしゃ》のこだわりや熱意が、素材選《そざいえら》びやデザイン、性能《せいのう》など、いろいろなところに表れる、とてもおもしろい乗り物です。乗っているうちに「自分もスポーツ自転車を開発したい」という思いが強くなり、この仕事を選びました。

Q 今までにどんな仕事をしましたか？

入社後すぐのころは、スポーツ自転車ではなく、街中で走る電動アシスト自転車やシティサイクルの設計《せっけい》をしていました。初めてまかされたのは、電動自転車の「キャリヤ」と呼《よ》ばれる、後輪の上部についている荷台部分の設計《せっけい》です。

ブリヂストンサイクルでは、入社して3～4年目までキャリヤをはじめ、サドルやバスケット（かご）など、さまざまな部品の設計《せっけい》にたずさわります。仕事に慣《な》れてきたら、重要な部品である、フレームの設計《せっけい》をまかされるようになります。自転車の部品は、自転車の種類によってかたちや大きさ、求められる強度などが異《こと》なります。電動自転車やシティサイクルの部品の設計《せっけい》を通して、デザイン担当者《たんとうしゃ》やマーケティング担当者《たんとうしゃ》と相談しながら、その自転車にもっとも合った部品のかたちや設計《せっけい》を考える方法を学びました。

私が現在《げんざい》のスポーツ自転車の開発をする部署《ぶしょ》に異動《いどう》したのは、1年半ほど前です。基本的《きほんてき》には、ふつうの自転車もスポーツ自転車も開発の手順や方法は同じですが、より強度を高め、空気抵抗《くうきていこう》を減《へ》らして軽量化することが、スポーツ自転車を開発する上では求められます。

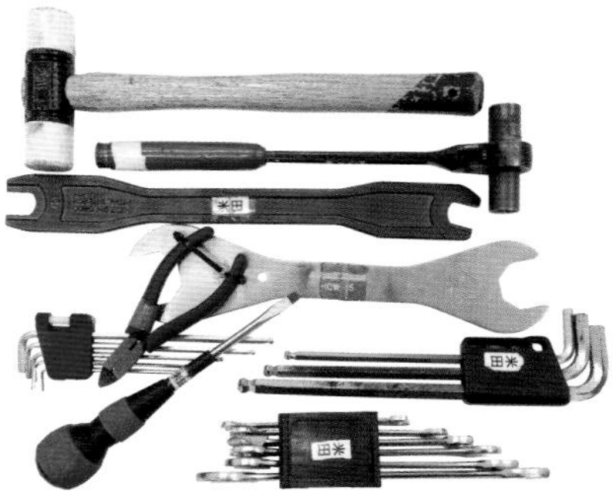

工具の一部

パソコンとアイデアノート

PICKUP ITEM

試作品を確認《かくにん》するときに使う工具の一部。試作品の自転車のフレームに、タイヤやブレーキなど必要な部品を取りつけたり、フレームを調整したりするときに使う。アイデアノートに書《か》き留《と》めたメモを確認《かくにん》しながら、パソコンで設計《せっけい》を行う。

用語 ※カーナビ ⇒ カーナビゲーションシステムの略《りゃく》。入力された経路《けいろ》の情報《じょうほう》とGPS《ジーピーエス》衛星《えいせい》の位置情報《いちじょうほう》などを利用し、現在位置《げんざいいち》と進行方向を画面上の地図に表示《ひょうじ》する装置《そうち》。運転中に目的地まで音声で道順などを案内してくれる。

Q 仕事をする上で、難《むずか》しいと感じる部分はどこですか？

スポーツ自転車の業界は、開発のスピードがとても早く、他社の製品《せいひん》との競争が激《はげ》しいので、知識《ちしき》や技術《ぎじゅつ》をつねに更新《こうしん》しなくてはいけないのが大変です。例えば、海外の企業《きぎょう》が革新的《かくしんてき》な新作を出すと、私が所属《しょぞく》している会社をはじめ、各メーカーは遅《おく》れをとるまいと、自社の自転車にその新作と同じ素材《そざい》や機能《きのう》を取り入れるために動きます。しかし、そのとき進めているプロジェクトには最新の素材《そざい》が間に合わなかったり、新しい機能《きのう》を取り入れるために設計《せっけい》を変更《へんこう》した結果、目標の重量をオーバーしてしまったりすることがあるのです。たった10gのオーバーだとしても、目標に達しなかった時点で、開発者にとってはとてもくやしい結果となります。最新の素材《そざい》や機能《きのう》を商品に活かすためにも、つねに勉強し新しい知識《ちしき》を得《え》る必要があります。

Q ふだんの生活で気をつけていることはありますか？

自転車以外の知識《ちしき》や情報《じょうほう》にも興味《きょうみ》をもち、はば広く吸収《きゅうしゅう》するように心がけています。例えば、自動車やバイクには、鍵《かぎ》の自動開閉《じどうかいへい》やカーナビ※で使うためのGPS《ジーピーエス》機能《きのう》などがついていますよね。こういう便利な技術《ぎじゅつ》を、いずれは自転車の分野にも取り入れていけたら、と発想を広げています。

そのため、ふだんから自転車関連だけでなく、自動車業界のニュースもチェックしたり、自動車の専門雑誌《せんもんざっし》や論文《ろんぶん》も読んだりしています。

Q これからどんな仕事をしていきたいですか？

経験《けいけん》を積み重ね、より性能《せいのう》が高いスポーツ自転車を設計《せっけい》することがいちばんの目標です。これが達成できたら、今度は「自転車は人力でこぐもの」という、決まった考えにとらわれず、乗り物の設計《せっけい》をしてみたいと考えています。例えば電動自転車もそうですが、これからは自分でこがなくても進む乗り物の時代だな、と思うんです。すでに、電動のキックボードなどもありますよね。時代に合わせて、多くの人に求められるものをつくれるようになりたいです。

その目標を実現《じつげん》するためにも、まずは「自転車」というくくりのなかで、革新的《かくしんてき》なものを生み出したいですね。海外の企業《きぎょう》が出したものを追いかけるだけではくやしいので、こちらから何かしかけられたらと思っています。

また、私が理想とするのは、「富士山型《ふじさんがた》」の技術者《ぎじゅつしゃ》です。自転車のことに限《かぎ》らず、富士山《ふじさん》のすそ野のようにはば広い分野の知識《ちしき》を身につけて、そこから吸《す》い上《あ》げたことをもとに、新しい自転車を設計《せっけい》するようなイメージです。知識《ちしき》や技術《ぎじゅつ》を柔軟《じゅうなん》に使いながら、設計《せっけい》をしていきたいです。

工具箱を持って、社内を試作品の自転車と移動《いどう》する米田《よねだ》さん。試作を行っている時期は、工具が手放せない。

スポーツ自転車の設計者《せっけいしゃ》になるには……

スポーツ自転車の設計《せっけい》には、工学系《こうがくけい》のはば広い知識《ちしき》が必要です。大学や高専《こうせん》※の工学系《こうがくけい》の学科などで、機械の開発・設計《せっけい》・製作《せいさく》を研究する「機械工学」を学んだり、大学の、スポーツの分野などで運動によって体にどのような変化が起こるかを研究する「運動生理学」を学んだりすると、スポーツ自転車の開発に役立つでしょう。

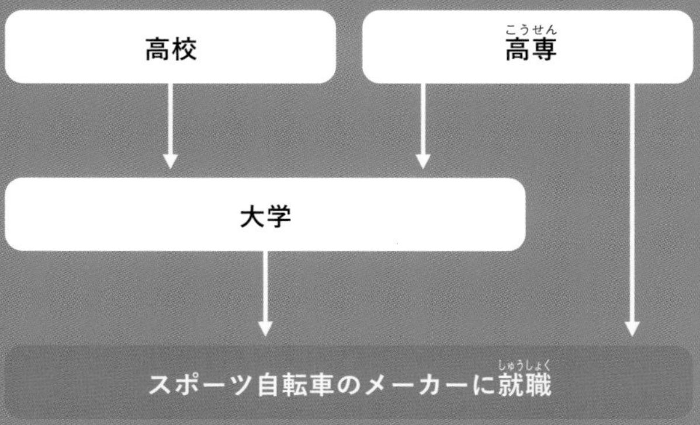

用語 ※ 高専《こうせん》 ⇒ 高等専門学校《こうとうせんもんがっこう》のこと。技術者《ぎじゅつしゃ》の養成を目的とした、5年一貫教育《いっかんきょういく》の学校。

Q この仕事をするにはどんな力が必要ですか？

自分の行動に、きちんと理由をつけて実行していく力が必要です。「何となく」とあいまいな考えで作業を進めるのではなく、論理的《ろんりてき》に考える力が求められます。

スポーツ自転車の場合、「なぜこの形にしたのか」「なぜこの素材《そざい》が必要なのか」に対して、明確《めいかく》な理由づけと数字による根拠《こんきょ》を示《しめ》し、それをもとに設計《せっけい》することが大切です。きちんと理由づけができれば、設計《せっけい》の内容《ないよう》をより多くの人に理解《りかい》してもらうことができ、開発もスムーズに進みます。

デザイン担当者《たんとうしゃ》などに、自分の設計《せっけい》について、図を描《か》いて説明することもある。自分の考えを図や言葉で表現《ひょうげん》する力も必要。

米田《よねだ》さんの夢《ゆめ》ルート

小学校 ▶ ものづくりができる職業《しょくぎょう》

プラモデルづくりが好きだった。

▼

中学校・高校 ▶ 研究者など理系《りけい》の仕事

数学や理科が得意《とくい》な一方、国語などの文系《ぶんけい》科目《かもく》がとても苦手だったので、白衣を着て研究する職業《しょくぎょう》に就《つ》こうかと考えていた。

▼

大学・大学院 ▶ 機械を設計《せっけい》する仕事

ものづくりがしたくて機械系《きかいけい》の学部に進学。歯車など機械の構造《こうぞう》に興味《きょうみ》があり、機械の設計《せっけい》をしたいと思うようになった。初めて買ったロードバイクの軽さや構造《こうぞう》に感動して、自転車メーカーを志望《しぼう》した。

Q 中学生のとき、どんな子どもでしたか？

1～2年生のころは、陸上部の練習に明《あ》けくれていました。私の専門《せんもん》は、100mや200mの短距離《たんきょり》です。学校でいちばん足が速かったので、運動会で活躍《かつやく》できるのが楽しみでしたね。

勉強は、あまり好きな方ではありませんでした。夏休みには友だちと遊んでばかりで、最後の日まで宿題が残っているタイプでしたね。3年生のとき、成績《せいせき》について、親にとても怒《おこ》られたことがありました。そこからしぶしぶ勉強し始めて、1日2～3時間は集中して取り組むようになりました。

当時の私の勉強法は、まず、社会や理科などの暗記科目から攻略《こうりゃく》していくやり方です。暗記した情報《じょうほう》が増《ふ》えるにつれて、テレビのクイズ番組などの正解率《せいかいりつ》も上がり、いろいろな知識《ちしき》がつながっていく楽しさを知りました。また、文系《ぶんけい》科目《かもく》が苦手だったので、過去《かこ》のテストなどから「きっとこういう問題が出るだろう」と理論立《りろんだ》てて先生の戦略《せんりゃく》を分析《ぶんせき》し、それを必死に覚えて、何とかテストを乗り切っていました。

今となっては、あのとき怒《おこ》ってくれた親に感謝《かんしゃ》しています。また、出題の傾向《けいこう》を、データを見ながら分析《ぶんせき》するという勉強の方法は、現在《げんざい》の自転車設計《じてんしゃせっけい》の仕事にもつながっているな、と思います。

中学時代、陸上部に所属《しょぞく》していた米田《よねだ》さん。県大会に出場したときは、10位以内に入る成績《せいせき》をおさめていた。

父とふたりで山へ自転車で出かけたときの1枚《まい》。「今思えば、このころに自転車が好きになったんだと思います」と米田《よねだ》さん。

Q 中学のときの職場体験《しょくばたいけん》は、どこに行きましたか？

私の地元、奈良県の法隆寺《ほうりゅうじ》のすぐそばにあるお店で、1日だけ、2～3人の友人といっしょに職場体験《しょくばたいけん》をしました。観光客がたくさんやって来る、老舗《しにせ》の和菓子店《わがしてん》です。店員さんに教えてもらいながら、店頭で「いらっしゃいませ」と接客《せっきゃく》をしたり、商品を並《なら》べたりしました。

体験後は友人といっしょに、学校で発表するための新聞を大きな模造紙《もぞうし》でつくりました。お店の歴史《れきし》や商品の紹介《しょうかい》、店員さんのインタビュー、仕事の体験談などを、みんなでまとめたのを覚えています。

Q 職場体験《しょくばたいけん》ではどんな印象《いんしょう》をもちましたか？

「働く」という経験《けいけん》が初めてだったので、とにかく緊張《きんちょう》の連続でした。国内や海外からたくさんの観光客が訪《おとず》れるいそがしい店だったので、自分のせいで迷惑《めいわく》をかけないよう、慎重《しんちょう》に行動しなければと思っていました。たった1日の体験でしたが、お店に立ってみてとくに印象的《いんしょうてき》だったのは、お客さんたちの笑顔です。「おいしいお菓子《かし》をありがとう」「元気にあいさつされると、気持ちがいいね」と、たくさんのお客さんに声をかけられて、心からうれしくなりました。

Q この仕事を目指すなら、今、何をすればいいですか？

スポーツ自転車の開発を目指すなら、まずは勉強にきちんと取り組み、基礎的《きそてき》な知識《ちしき》を身につけましょう。私の場合、中学2年生まではまったく勉強していなかったのですが、3年生で自主的に勉強をし始めてから、どんどん視野《しや》が広がり、知識《ちしき》を吸収《きゅうしゅう》する楽しさを知りました。

また、先生や親など、まわりの人から言われるがままに行動するのでなく、「部活のこの練習は、この目的のためにやっている」と自分で理由と目的を考え、納得《なっとく》した上で行いましょう。考える力や分析《ぶんせき》する力をつけると、新しいアイデアを生み出しやすくなり、設計《せっけい》の仕事にとても役立ちますよ。

― 今できること ―

ふだんの暮《く》らし

さまざまなものの仕組みやかたちを、よく観察してみましょう。どうして動くのか、なぜこんなかたちをしているのかなど、疑問《ぎもん》が浮《う》かんだときは、理由がはっきりとわかるまで調べてみてください。もののつくりを理解《りかい》しようとする探究心《たんきゅうしん》は、設計《せっけい》の仕事で役に立つ力になります。

また、自転車の競技《きょうぎ》を観戦したり、雑誌《ざっし》を読んだりして、自転車にはさまざまな種類があることを学び、それぞれの自転車の特徴《とくちょう》や機能《きのう》を調べてみるのもおすすめです。

数学

よりよい製品《せいひん》をつくるため、部品の重さなどを細かく計測《けいそく》して数値《すうち》を解析《かいせき》する必要があります。高度な知識《ちしき》が必要になるので、数学の基礎《きそ》を身につけましょう。

理科

中学で学ぶ理科の知識《ちしき》は、設計《せっけい》の土台になります。とくに、力の働きや物体の運動などの物理分野の知識《ちしき》は、スポーツ自転車の設計《せっけい》に欠かせません。

体育

自転車を動かすのは人の力です。そのため、人の体に関する知識《ちしき》を深めておくことも大切です。体育や保健《ほけん》で、人の体の仕組みや筋肉《きんにく》の働きについて学びましょう。

技術

図面の書き方や材料を加工する技術《ぎじゅつ》などのものづくりの基本《きほん》や、パソコンのあつかい方を身につけましょう。

File No.215

キャンピングカーデザイナー

Camper Designer

VANTECH《バンテック》
藤崎健太《ふじさきけんた》さん
入社8年目 35歳《さい》

使い勝手がよく
かっこいい。そんな
キャンピングカーを
デザインします

旅行中に車の中で寝泊《ねと》まりしたり、アウトドアを気軽に楽しんだりする手段《しゅだん》として、キャンピングカーの人気が高まっています。キャンピングカーの製《せい》造《ぞう》や販売《はんばい》を行うVANTECH《バンテック》でデザイナーとして働く藤崎健太《ふじさきけんた》さんに、お話をうかがいました。

Q キャンピングカーデザイナーとはどんな仕事ですか？

キャンピングカーとは、ベッドや水道設備《すいどうせつび》などを備《そな》えた、寝泊《ねと》まりできる自動車のことです。私はキャンピングカーの製造《せいぞう》・販売《はんばい》を行う会社で研究開発部に所属《しょぞく》して、車の外装《がいそう》（外観）のデザインを考える仕事をしています。

新しいキャンピングカーをつくるときは、最初にどんな人に買ってほしいのか、値段《ねだん》はいくらにするのかなどを、企画担当者《きかくたんとうしゃ》を中心に決めます。企画《きかく》が固まったらデザインを考えていきますが、車のデザインは、外観を決める「外装《がいそう》デザイン」と、車内空間をつくる「内装《ないそう》デザイン」に、担当《たんとう》が分かれている場合がほとんどです。私は外装《がいそう》デザインの担当《たんとう》なので、外観を頭に思《おも》い浮《う》かべながら、何百というスケッチを描《か》いていきます。キャンピングカーはスポーツカーなどとちがい、「見た目のかっこよさ」よりも「車内での過《す》ごしやすさ」が優先《ゆうせん》されます。そのため、外装《がいそう》を考えるときにも、くぼみやななめの部分をつくることで、車内がせまくなってしまうことがないよう注意してデザインします。ときには、すでに商品化したキャンピングカーに入ってベッドに寝転《ねころ》がり、メジャーをのばして、天井までの高さを測《はか》ってみることもあります。こうした作業をくり返して、細かなところまで計算し、デザインを練っていきます。

デザインが決まったら、3DCAD《スリーディーキャド》※というソフトを使い、平面的に描《か》いたデザインを立体的な設計図《せっけいず》にします。そして、イメージとずれている部分があれば修正《しゅうせい》して、デザインを完成させます。3か月ほどでデザインが完成したら、そのデータをもとに車の型《かた》をつくり、さらに微調整《びちょうせい》をして、商品としての製造《せいぞう》が始まります。デザインを始めてから、車が完成して生産するまでには、1年ほどかかります。

キャンピングカーの業界では、年に1度、メーカー各社が出展《しゅってん》する大きな展示会《てんじかい》があるので、そこへ新作を出せるように、年に1台ほどのペースで新しい車を開発しています。

藤崎《ふじさき》さんが描《か》いた、新しいキャンピングカーのデザイン案。初めは、思いつくままにたくさん描《か》いていく。

Q どんなところがやりがいなのですか？

自分が頭のなかで思《おも》い描《えが》いていた車が、本物の姿《すがた》になり、実際《じっさい》に走るようすを見られるところです。子どものころから乗り物の絵を描《か》くことが大好きだったので、こうして実際《じっさい》にかたちになることに、喜《よろこ》びを感じます。

以前、街で買い物をしていたときに、たまたま車の雑誌《ざっし》の表紙が目に入り、近づいて見てみたら、私がデザインしたキャンピングカーで、おどろいたことがありました。なんだか不思議な感覚でしたね。

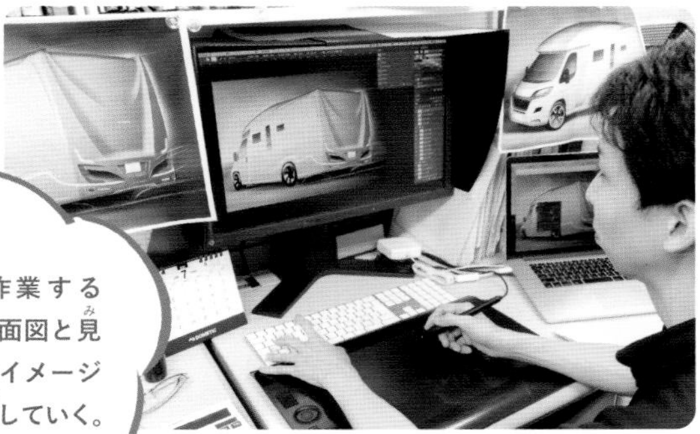

3DCAD《スリーディーキャド》で作業する藤崎《ふじさき》さん。平面図と見比《みくら》べ、微妙《びみょう》なイメージのずれを修正《しゅうせい》していく。

藤崎《ふじさき》さんのある1日

09:00	出社。メールをチェック。急ぎのものがあれば対応《たいおう》する
09:30	新作のアイデアをスケッチしながら検討《けんとう》する
12:00	ランチ
13:00	ライトの位置など、午前中に検討《けんとう》したアイデアが法律《ほうりつ》に適合《てきごう》しているか確認《かくにん》
14:00	メール返信
15:00	別のプロジェクトのデータ作成
17:00	スケジュールについての打ち合わせ
17:30	新車のデザインのための情報収集《じょうほうしゅうしゅう》
18:00	退社《たいしゃ》

用語 ※ 3DCAD《スリーディーキャド》 ⇒ 乗り物や建物、機械製品《きかいせいひん》などの設計図《せっけいず》をつくるためのソフトウェア。ものを平面的にも立体的にも表示《ひょうじ》して、数値《すうち》を計算しながら設計図《せっけいず》をつくることができる。

キャンピングカーの内部のようす。空間を有効《ゆうこう》に使えるよう、工夫されている。

Q 仕事をする上で、大事にしていることは何ですか？

ひとつの仕事に使える時間を、あらかじめ割《わ》り出《だ》しておき、その時間内で仕事を仕上げることです。

この仕事は、時間をかければよいものがつくれるとは限《かぎ》りません。時間をかけるほど、迷《まよ》いが出てきてしまうこともあれば、短時間でよいアイデアが浮《う》かぶこともあります。いつも、自分なりに最高のものを目指したいと思っていますが、仕事には、必ず期限《きげん》があります。また、自分ひとりで仕事をしているわけではないので、次に作業をする仲間のことも考えなくてはなりません。そのため、絶対《ぜったい》にゆずれないポイントは曲げないようにして、最終的には「この時間でできることは最大限《さいだいげん》やったからもう終わり」と、時間で区切りをつけて、仕事を完成させるようにしています。

Q なぜこの仕事を目指したのですか？

幼《おさな》いころから乗り物が大好きだったので、今、この仕事をしているのだと思います。とくに車と飛行機が好きでした。絵を描《か》くことも好きで、中学生のときにはすでにキャンピングカーの絵を描《か》いていました。

中学卒業後は航空工学科《こうくうこうがくか》のある高校へ、そして大学は工学部の航空宇宙学科《こうくううちゅうがっか》に進学したので、将来《しょうらい》は飛行機に関する仕事に就《つ》こうと思っていました。しかし、飛行機は搭乗者《とうじょうしゃ》の重量やエンジンの燃料《ねんりょう》の消費量《しょうひりょう》などを計算してつくられるので、機体のかたちは自由に考えられる部分が少ないと知りました。それなら、ある程度《ていど》かたちを自由に考えられる、車のデザインをしたいと思うようになりました。そこで、大学卒業後にデザインの専門学校《せんもんがっこう》に通い、いちから勉強を始めたのです。今の会社は、この仕事の経験《けいけん》がないと採用《さいよう》できないと言われましたが、「面接《めんせつ》だけでも受けさせてください」とお願いし、熱意を伝えて入社することができました。

Q 今までにどんな仕事をしましたか？

ほかの自動車製造会社《じどうしゃせいぞうがいしゃ》では、デザインと設計《せっけい》を担当《たんとう》する部署《ぶしょ》が分かれていることが多いですが、私がつとめる会社では同じ部署《ぶしょ》で行います。そのため、仕事内容《しごとないよう》はさまざまあり、つねに複数《ふくすう》の仕事を同時進行で進めています。

私の場合、車の外装《がいそう》のデザインがおもな仕事ですが、内装《ないそう》のデザインの一部を考えたり、外装《がいそう》の表面の装飾《そうしょく》のデザインをしたりすることもあります。また、キャンピングカーには、追加でとりつけられるパーツがあるので、そのデザインをすることもあります。

ペン

スケッチブック

ペンタブレット

PICKUP ITEM

スケッチブックとペンはいつでもデザイン案を描《か》けるように、持ち歩いている必需品《ひつじゅひん》。デザイン案を本格的《ほんかくてき》なデザイン画にするときにペンタブレットを使って仕上げる。デザイン案を調整するときは、トレース台を使い、もとのデザインを写してからデザインの修正《しゅうせい》をする。

トレース台

Q 仕事をする上で、難《むずか》しいと感じる部分はどこですか？

いちばん難《むずか》しいのは、車のかたちを理想のイメージに近づけることです。平面で描《か》いたデザイン画を立体的な設計《せっけい》図《ず》にしたとき、1回でイメージ通りの仕上がりになることは、まずありません。どうしてもイメージとちがう部分が出てきてしまうので、何度もミリ単位での修正《しゅうせい》をしていきます。

また、新製品《しんせいひん》を企画《きかく》するとき、デザインをする立場としては、まったく新しいものをつくりたいという気持ちがありますが、あまりに斬新《ざんしん》なデザインだと、お客さんがとまどってしまいます。「使い勝手のよさを保《たも》ちつつ、見た目もかっこよく、なおかつ今までありそうでなかったデザイン」という理想のバランスを考えることは、とても難《むずか》しいです。

Q ふだんの生活で気をつけていることはありますか？

いつでも、どこでも、デザインのアイデアを描《か》き留《と》められるようにしています。寝《ね》る前《まえ》やお風呂《ふろ》に入っているときなど、リラックスしているときに、仕事中は浮《う》かばなかったアイデアをふと思いつくことがあります。家のあちこちに白い紙と鉛筆《えんぴつ》を置いて、忘《わす》れないうちに描《か》けるようにしています。入浴中、鏡に描《か》くこともあるんですよ。

そういうときのメモは、自分以外の人は解読《かいどく》できないような描《か》きなぐりの絵なので、後できれいにまとめます。また、カバンのなかにはつねにスケッチブックを入れていて、外出先でも何か思いついたらメモするようにしています。

Q これからどんな仕事をしていきたいですか？

思《おも》い描《えが》いているデザインのテーマはまだまだたくさんあるので、まずはそれらを実現《じつげん》していきたいです。キャンピングカーで重要なのは車内が広いことなので、長い間、四角いかたちが主流でした。でも、私はもうそろそろ次のかたちに進化してもよいのではないかと思っています。キャンピングカーは、メーカーごとの個性《こせい》が強く出るので、自分なりのデザインを実現《じつげん》していきたいと考えています。

また、今までは外装《がいそう》に関わる仕事が多かったので、今後は内装《ないそう》にも仕事のはばを広げていきたいですね。キャンピングカーは災害時《さいがいじ》の避難所《ひなんじょ》としても活用できるので、新型《しんがた》コロナウイルス感染症《かんせんしょう》の流行を機に、いっそう注目されるようになりました。日本は災害《さいがい》が多い国なので、10年後、20年後のことも見すえながら、多くの人が使いやすいキャンピングカーをつくっていきたいです。

藤崎《ふじさき》さんが外装《がいそう》を手がけたキャンピングカー。車内を広くするために四角いデザインに。

キャンピングカーデザイナーになるには……

車の外装《がいそう》や内装《ないそう》に関するデザインの知識《ちしき》や、車体やエンジンに関する機械工学の知識《ちしき》が必要です。工学系《こうがくけい》または芸術系《げいじゅつけい》・美術系《びじゅつけい》の学部がある大学や高専《こうせん》に進んで、専門知識《せんもんちしき》を学ぶとよいでしょう。また、キャンピングカーには、電気の配線や水道の配管が通っています。電気工学についての知識《ちしき》も身につけておくと役立つでしょう。

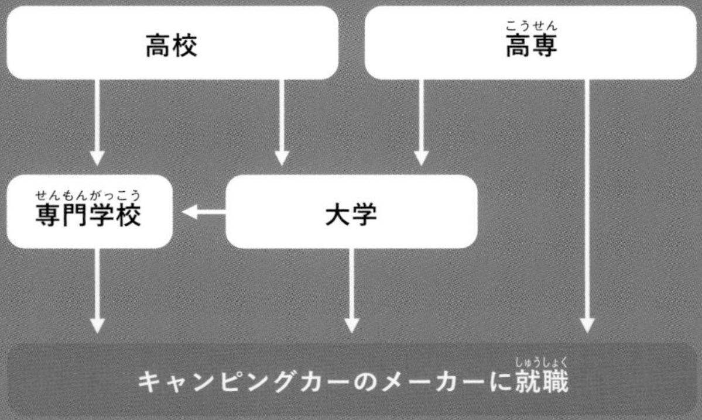

Q この仕事をするには どんな力が必要ですか？

教科でいうと、数学と英語の力は必要です。設計《せっけい》をするとき、車体全体と車内に配置するベッドなどの設備《せつび》との比《ひ》率《りつ》はつねに考えなくてはなりません。さらに、平面で描《か》いたスケッチが立体的になった状態《じょうたい》を想像《そうぞう》できる空間認識能《くうかんにんしきのう》力《りょく》があるとよいですね。

また、キャンピングカーは、日本よりも海外の方が多くの人に使われているので、英語ができると最新の情報《じょうほう》を得《え》やすくなります。アメリカやヨーロッパでは展示会《てんじかい》がよく開《かい》催《さい》されています。私がつとめている会社は海外に工場があり、出張《しゅっちょう》して、現地《げんち》の人と英語でやりとりする機会も多いですよ。

藤崎《ふじさき》さんの夢《ゆめ》ルート

小学校 ▶ 乗り物の乗務員《じょうむいん》

乗り物が好きで、たくさん絵を描《か》いていた。

▼

中学校 ▶ 乗り物の設計者《せっけいしゃ》

変わらず乗り物が好きで、
キャンピングカーにも興味《きょうみ》があった。

▼

高校 ▶ 乗り物のデザイナー

理想の乗り物を空想して絵を描《か》いていた。
航空関係《こうくうかんけい》の高校に通っていて、
飛行機関係の仕事に就《つ》くつもりだったが
書店でキャンピングカー専門《せんもん》の雑誌《ざっし》を見て、
今の会社の存在《そんざい》を知った。

▼

大学・専門学校《せんもんがっこう》 ▶ 自動車のデザイナー

飛行機ではなく、よりデザインの自由度が高い
自動車のデザイナーになろうと考えるように。
工学部だったので、大学卒業後に
改めてデザインの専門学校《せんもんがっこう》に通った。

Q 中学生のとき、 どんな子どもでしたか？

課外活動に熱心な中学生でした。小学校のときから宇宙《うちゅう》少年団《しょうねんだん》、航空少年団《こうくうしょうねんだん》、科学少年団《かがくしょうねんだん》という３つのクラブで活動しており、週末はほとんど家にいませんでした。印象的《いんしょうてき》だったのは、中学２年生のときに宇宙少年団《うちゅうしょうねんだん》の「ジュニア記者」に選ばれ、ロケットや人工衛星《じんこうえいせい》をつくる工場や種子島《たねがしま》宇宙《うちゅう》センターに見学に行ったことです。種子島《たねがしま》宇宙《うちゅう》センターでは、日本の宇宙実験棟《うちゅうじっけんとう》「きぼう」や、エンジン燃焼《ねんしょう》試験《しけん》を間近で見ることができました。ロケットが打ち上がる瞬《しゅん》間《かん》の迫力《はくりょく》は、一生《いっしょう》忘《わす》れられないですね。

学校では科学部に入り、市内の中学校対抗《ちゅうがっこうたいこう》の模型飛行《もけいひこう》機大会《きたいかい》に向けて作品づくりをしていました。おしくも優勝《ゆうしょう》をのがし、くやしかったことを覚えています。

得意教科《とくいきょうか》は技術《ぎじゅつ》でした。はんだごてを使って電子工作をする授業《じゅぎょう》では、私だけすぐに完成してしまい、クラスメイトに教えていた記憶《きおく》があります。また、理科も好きでした。

当時からとにかく乗り物や絵を描《か》くことが好きで、部屋は図鑑《ずかん》やスケッチであふれていました。一般的《いっぱんてき》な勉強が得《とく》意《い》というよりは、好きなことにまっすぐな子どもでしたね。

藤崎《ふじさき》さんが子どものころに読んでいた、乗り物の図鑑《ずかん》。何度もくりかえし読んでいた。

宇《う》宙少年団《ちゅうしょうねんだん》として種子島宇《たねがしまう》宙《ちゅう》センターに行ったときの藤崎《ふじさき》さん。ジュニア記者として、藤崎《ふじさき》さんの記事がパンフレットにのったことも。

Q 中学のときの職場体験《しょくばたいけん》は、どこに行きましたか？

友人とふたりで陸上自衛隊《りくじょうじえいたい》の少年工科学校に行きました。候補《こうほ》はいくつかあったのですが、もっとも乗り物に関われそうだという点から選びました。

現地《げんち》に行くと、ほかの中学校からも何人か集まっていました。基地《きち》の見学の後、「気をつけ」「敬礼《けいれい》」「休め」などの簡単《かんたん》な基礎訓練《きそくんれん》を受けました。また、1泊《ぱく》2日《か》だったので、ほかの参加者といっしょに隊員の宿舎《しゅくしゃ》の大浴場に入ったり、食堂《しょくどう》でご飯を食べたりしました。

宿舎《しゅくしゃ》でシーツのきれいなしき方を教えてもらったことはよく覚えていて、今でもそのしき方をしているんですよ。

Q 職場体験《しょくばたいけん》ではどんな印象《いんしょう》をもちましたか？

当時、将来《しょうらい》は飛行機に関わりたいという気持ちがあっただけで、働くということに対する具体的なイメージはもてていませんでした。

しかし、基地《きち》のなかを見学して、「こういう仕事もあるんだ」と、外からではわからない、多様な業種があることを知ることができました。それが、飛行機に関わる仕事以外の選択肢《せんたくし》をもつきっかけとなった気がします。

Q この仕事を目指すなら、今、何をすればいいですか？

この仕事でもっとも難《むずか》しいのは、自分がイメージしたデザインの意図を、ほかの人にわかるよう、言葉にして伝えることです。私は中学時代にひとりで絵ばかり描《か》いていたので、コミュニケーション力をもう少しみがいておけばよかったと感じています。ぜひ、みなさんは思っていることを言葉にして、相手に伝える練習をふだんから行ってください。

しかし、何より大切なのは、「自分のアイデアをかたちにする」という強い思いです。何を伝えたいのか、世の中をどうよくしたいのか。その気持ちが次のアイデアを生むための原動力になるはずです。

ー今できることー

ふだんの暮《く》らし

キャンピングカーをデザインするときには、外装《がいそう》だけでなく、人が車内でどう動き、どんな活動をするのかを考えることが必要です。家族とキャンプをするなど、アウトドアで積極的に活動して、その楽しさを体験するとともに、キャンピングカーにどのようなことが求められているかをチェックしておきましょう。

気づいたことはノートなどにまとめ、乗りたくなるのはどんなキャンピングカーか、自分ならどこを工夫するかを想像《そうぞう》し、観察力・発想力をきたえておきましょう。

国語 さまざまな文章にふれ、人の気持ちを理解《りかい》する力や、自分の考えを表現《ひょうげん》する力を育みましょう。

数学 車の安全性《あんぜんせい》や操作性《そうさせい》、機能《きのう》を考えるには、数学的な思考力が必要です。データから数量の変化を読み取る力や、空間図形を把握《はあく》する力を養いましょう。

美術 使い勝手がよくてもデザインがよくなければ、製品《せいひん》は買ってもらえません。造形《ぞうけい》や色彩《しきさい》について学んで、デザインセンスをみがいておきましょう。

技術 車は精密《せいみつ》な機械の集合体です。デザインだけでなく、機械の構造《こうぞう》、電気器具の原理、プログラミング制御《せいぎょ》など、製品《せいひん》づくりに関連する基礎知識《きそちしき》を身につけましょう。

File No.216

グランピング施設《しせつ》スタッフ

Glamping Facility Staff

星《ほし》のや富士《ふじ》
北垣沙野《きたがきさや》さん
入社4年目 27歳《さい》

特別な休日を
過《す》ごしてもらえるように
心から
おもてなしをします

グランピングとは、「魅力的《みりょくてき》」を意味するグラマラスとキャンピングを組み合わせた言葉です。グランピング施設《しせつ》のスタッフは、どのようなことに気を配っているのでしょうか。「星《ほし》のや富士《ふじ》」で働く北垣沙《きたがきさ》野《や》さんにお話をうかがいました。

Q グランピング施設《しせつ》スタッフとはどんな仕事ですか？

グランピング施設《しせつ》とは、自分でテントや道具などを用意しなくても、気軽に魅力的《みりょくてき》なキャンプ体験を楽しむことができるレジャー施設《しせつ》のことです。空調のある個室《こしつ》やお風呂《ふろ》など、快適《かいてき》な設備《せつび》やサービスを利用しながら、まき割《わ》りや森林浴などをして、自然を満喫《まんきつ》することができます。

私が働く星野《ほしの》リゾートは、ホテルや旅館などのリゾート施設《しせつ》を日本全国で運営《うんえい》する会社です。私はそのなかの「星《ほし》のや富士《ふじ》」という富士山《ふじさん》のふもとのグランピング施設《しせつ》で、お客さまへのサービス全般《ぜんぱん》に関わっています。おもな仕事は朝食の準備《じゅんび》や受付対応《うけつけたいおう》、会計、客室の清掃《せいそう》などです。

食事をする場所は部屋、屋内レストラン、屋外レストランから選べます。朝食を部屋で食べる場合は、私たちが調理したものをお届《とど》けしますし、屋外でお客さまに調理を体験していただくプランもあります。私たちがお手伝いするので、キャンプ道具を使い慣《な》れていない方でも問題ありません。

星《ほし》のや富士《ふじ》で特徴的《とくちょうてき》なのは、「クラウドテラス」という共有スペースがあることです。ここにはキッチンや窯《かま》、たき火など、グランピングには欠かせない設備《せつび》がそろっていて、料理をつくったり、マシュマロを焼いたり、たき火をしたりと、さまざまな体験ができます。

スタッフは、全員が「グランピングマスター」という社内で定められた資格《しかく》をもっているので、まき割《わ》りやたき火の仕方、道具の使い方をお客さまに教えることができます。

また、運動や燻製《くんせい》※づくりなど自然を感じながら楽しめるプログラムも数多く用意しています。私たちは一般的《いっぱんてき》なホテル従業員《じゅうぎょういん》の業務《ぎょうむ》のほかに、こういったプログラムの運営《うんえい》や、お客さまがアウトドアを楽しむサポートも行っています。

朝8時ごろ、部屋での朝食を希望するお客さんに、木箱につめた朝食（下）を届《とど》けに行く。

Q どんなところがやりがいなのですか？

お客さまと直接《ちょくせつ》関われるところです。帰りのお会計のときなどに、「とても楽しかったです。絶対《ぜったい》にまた来ます！」「朝食おいしかったです」などの言葉をいただけると、この仕事をしていてよかったと、やりがいを感じます。

星《ほし》のや富士《ふじ》は地域《ちいき》の方々との交流も大切にしています。例えばコーヒーが苦手な方のために、カフェコーナーに新しくハーブティーを加えることになり、地元で生産されているハーブを使うことにしました。それ以来地元のハーブ会社の方ととても仲良くなり、仕事以外の時間にいっしょに畑を耕《たがや》すなど、交流が生まれています。星《ほし》のや富士《ふじ》で使う食器を地元企業《じもときぎょう》の製品《せいひん》でそろえたこともあります。こうした地元の方々との関係も、この仕事をしているからこそ生まれたものだと思います。仕事を通して、さまざまな方とつながりができていくのは、うれしいですね。

フロントに立つ北垣《きたがき》さん。受付や精算《せいさん》をするフロントでは、思いがけず、お客さんの感想を聞けることがうれしい。

北垣《きたがき》さんのある1日

08：00 出社。朝食の提供《ていきょう》や、かたづけなど

▼

10：00 精算《せいさん》や駐車場《ちゅうしゃじょう》までの送《おく》り迎《むか》えなど、チェックアウトするお客さまの対応《たいおう》

▼

13：00 休憩《きゅうけい》

▼

14：00 クラウドテラスにて、スイーツの提供《ていきょう》やたき火の管理など、その日に宿泊《しゅくはく》するお客さまの対応《たいおう》

▼

17：00 退社《たいしゃ》

用語 ※燻製《くんせい》 ⇒ 食材を一定時間煙《けむり》でいぶす調理法や食べ物のこと。独特《どくとく》の香りや味がつき、保存食《ほぞんしょく》にもなる。

Q 仕事をする上で、大事にしていることは何ですか？

まずは、笑顔を絶《た》やさず、つねにお客さまが話しかけやすい雰囲気《ふんいき》でいることです。そのために、「いつどこにいても、だれよりも話しやすい表情《ひょうじょう》」を心がけています。

お客さまへの声かけも意識的《いしきてき》に行うようにしています。毎日多くのお客さまと接《せっ》しますが、なるべくみなさまに話しかけるようにしています。例えばお客さまの持ちものを会話のきっかけにしたり、お子さまに「楽しかった？」と話しかけたりするなど、ささいなことでもよいので、コミュニケーションをとることを大事にしています。

また、お客さまのお名前を覚えることも大切です。私は、人の名前を覚えるのがあまり得意《とくい》ではないので、知り合いの名前と関連づけて覚えるなど、工夫しています。

かたづけなどの作業中でも、お客さまが話しかけやすい雰囲気《ふんいき》でいることを意識《いしき》している。

Q なぜこの仕事を目指したのですか？

子どものころから人と話すのが好きで、大学時代はカフェや旅館でアルバイトをしていました。そのとき、お客さまがおすすめの飲食店やランニングコースを教えてくださったことがあり、こうした経験《けいけん》から、接客業《せっきゃくぎょう》は楽しいなと思うようになりました。

この会社に入ったのは、数ある宿泊施設《しゅくはくしせつ》のなかで、私がいちばん泊《と》まってみたいホテルを運営《うんえい》していたからです。また、宿泊《しゅくはく》サービスだけでなく、地域《ちいき》とのつながりを深める活動をしている点も魅力《みりょく》でした。大学では化学を学んでいたので、就職活動《しゅうしょくかつどう》では製薬会社《せいやくがいしゃ》などを中心に就職試験《しゅうしょくしけん》を受けました。じつはホテル業界で受けた会社は星野《ほしの》リゾートだけなんです。旅行業界とは関わりのない分野を学んできたので、少し不安があったのですが、入社してみると、ちがう職種《しょくしゅ》から転職《てんしょく》してきた人もたくさんいて、ほっとしました。

Q 今までにどんな仕事をしましたか？

入社以来、この「星《ほし》のや富士《ふじ》」で働いています。最初は朝食と客室の清掃《せいそう》を中心に担当《たんとう》していましたが、少しずつグランピングについての知識《ちしき》を身につけ、クラウドテラスで燻製《くんせい》づくりなどの仕事もできるようになっていきました。

とくに私が好きな仕事は、燻製《くんせい》づくり体験の担当《たんとう》です。煙《けむり》で食材をいぶしている間、お客さまの趣味《しゅみ》や旅行の話などで盛《も》り上《あ》がります。お客さまとの会話の糸口をどのように見つけていくのか、自分なりの方法を学ぶ、よいきっかけにもなっています。

星《ほし》のや富士《ふじ》で働くスタッフは、全員、「グランピングマスター」という社内で決められた資格《しかく》をもっていますが、じつは技術《ぎじゅつ》の項目《こうもく》が細かく分かれています。例えば私は、たき火はお客さまに教えることができますが、まき割《わ》りは、自分で行うことはできても、まだだれかに教えることはできません。これからも学ぶことはたくさんあります。

Q 仕事をする上で、難《むずか》しいと感じる部分はどこですか？

この仕事は、スタッフ間で意見を交わし、調整しながら進めていきますが、さまざまな意見をまとめて、ひとつの結論《けつろん》を出す場面では、仕事の難《むずか》しさを感じています。

星野《ほしの》リゾートでは、何かを決めるとき、さまざまな立場の人と意見を交わします。例えば新しく食器を購入《こうにゅう》する場合、星《ほし》のや富士《ふじ》で朝食や夕食を担当《たんとう》するスタッフや本社の飲食部門の担当者《たんとうしゃ》などと議論《ぎろん》して、選んでいきます。使い勝手はもちろんですが、このホテルが伝えるイメージやインテリアに調和するものを選ばなくてはいけないので、みんなで意見を出し合って、「これ」というものを決めます。

さまざまな意見があるなかで、答えを出さなくてはいけないのですが、どのように判断《はんだん》すればよいか、迷《まよ》うこともあります。そんなときは、先輩方《せんぱいがた》に相談に乗ってもらっています。

施設内《しせつない》の備品《びひん》はひとつひとつ、こだわりをもって選ばれている。それも、ホテルを過《す》ごしやすい場所にするために大切なことのひとつ。

Q ふだんの生活で気をつけていることはありますか？

何でも挑戦《ちょうせん》してみて、多くの経験《けいけん》を積むことです。最近では、畑を耕《たがや》したり、同僚《どうりょう》とキャンプに行ったりしました。また、定期的に外食に行くことも心がけています。自分がお客さんとしてレストランのサービスを実際《じっさい》に体験し、楽しかったことやうれしかったことを覚えておくと、接客《せっきゃく》をするときに活かせるからです。一見仕事とは関係ない経験《けいけん》から、仕事に活かせるアイデアが浮《う》かぶことはたくさんあります。休みの日に思い切り遊ぶことも仕事の一環《いっかん》だと思っています。

PICKUP ITEM

手帳とペンは、お客さまからの問い合わせや依頼《いらい》をすぐにメモできるよう、つねに携帯《けいたい》している。時計とライトも必須《ひっす》アイテム。とくにライトは暗い場所を案内するときに、お客さまの足もとを照らすので欠かせない。ライターは、たき火をつけるとき、ウエアは、お客さまが体験する「森の空中ストレッチ」を教えるときに使う。

Q これからどんな仕事をしていきたいですか？

今はサービスの仕事をしていますが、今後は、もっと多くの方に星《ほし》のや富士《ふじ》を知ってもらうために、広報《こうほう》の仕事をしていきたいです。お客さまに対して、広報担当者《こうほうたんとうしゃ》が施設《しせつ》を案内するようすを見ていると「星《ほし》のや富士《ふじ》の魅力《みりょく》をうまく伝えているな」と感心することが多いんです。例えば、以前、クラウドテラスのたき火を案内しながら、広報担当者《こうほうたんとうしゃ》が「ここではグランピングマスターとマシュマロを焼いてお楽しみいただけます」と説明していたことがありました。それまで私は、「たき火をながめてお楽しみください」と、お客さまにご案内していたのですが、表現《ひょうげん》を工夫することで、より楽しさが伝わるなと、勉強になりました。

ホテルのサービスには自信をもっていますが、まずは星《ほし》のや富士《ふじ》の存在《そんざい》を知ってもらわないとお客さまに来ていただけません。これまでの経験《けいけん》を活かし、星《ほし》のや富士《ふじ》の魅力《みりょく》をより多くの方々に知っていただくために、自分ならではのアイデアで発信できるようになりたいです。

マシュマロの焼き方をお客さんに説明する北垣《きたがき》さん。

グランピング施設《しせつ》で働くには……

観光系《かんこうけい》の専門学校《せんもんがっこう》で学んだり、大学の観光系《かんこうけい》の学部で学んでおくと、仕事に活かせる知識《ちしき》を身につけることができます。

とくに必要な資格《しかく》や学歴《がくれき》はありませんが、高校卒業や普通自動車運転免許《ふつうじどうしゃうんてんめんきょ》の取得《しゅとく》を必須《ひっす》としている施設《しせつ》が多いです。自動車免許《じどうしゃめんきょ》は18歳《さい》から取得可能《しゅとくかのう》なので、早めに取得《しゅとく》して、運転に慣《な》れておくとよいでしょう。

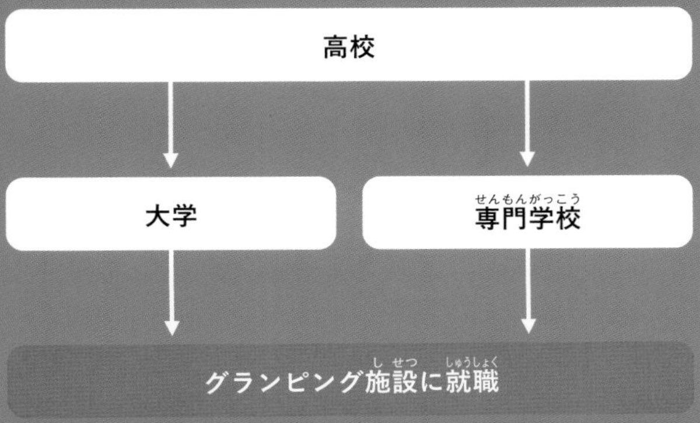

この仕事をするには どんな力が必要ですか？

人と話すのが好きであることや、お客さまが感じていることを察知する力などが必要だと思います。また、いろんな人と話をして、知識《ちしき》が増《ふ》えていくのが好きな人だと、より楽しく仕事ができると思います。

グランピング施設《しせつ》スタッフには、ホテル並《な》みのサービスと親しみやすさの両方が求められます。アウトドア設備《せつび》をあつかうときのサポートや体験型《たいけんがた》プログラムの運営《うんえい》など、一般的《いっぱんてき》なホテルスタッフよりもお客さまと接《せっ》する機会が多いので、はば広い分野の知識《ちしき》があると、お客さまとの会話もはずみます。なので、自分が興味《きょうみ》をもったことはどんどん調べて、体験することをおすすめします。自分で調べることで、新しい世界への興味《きょうみ》が広がり、実際《じっさい》に体験することで気づきがあったり、人とのつながりが増《ふ》えたりしますよ。

北垣《きたがき》さんの夢《ゆめ》ルート

小学校 ▶ お花屋さん

花が好きで、よく絵を描《か》いていた。

▼

中学校 ▶ 雑誌《ざっし》のライター

雑誌《ざっし》を読むのが好きだった。
人気雑誌《にんきざっし》の編集長《へんしゅうちょう》の講演《こうえん》を聞く機会があり、
雑誌《ざっし》の仕事にあこがれるように。

▼

高校 ▶ 高校の化学の先生

理系《りけい》を選択《せんたく》したので、学んだことを活かせる
仕事に就《つ》きたいと考えていた。

▼

大学 ▶ サービスの仕事

学生生活やアルバイトを通して、
自分はサービスの仕事が
好きだということを実感した。

中学生のとき、どんな子どもでしたか？

部活は弓道部に所属《しょぞく》し、３年生では部長をつとめました。印象《いんしょう》に残っているのは、日本武道館《にっぽんぶどうかん》で行われた弓道の試合に出場したことです。鳥取県の代表として出場したので、とても緊張《きんちょう》したことを覚えています。

昔から、人と話すことが大好きで、よく職員室《しょくいんしつ》や教室で先生や友だちと長話をしていました。先生からは「悩《なや》みごとがないことが悩《なや》みでしょ」と言われるような生徒でした。

授業《じゅぎょう》や課題にはまじめに取り組み、とくに数学が得意《とくい》でした。筋道《すじみち》を立てて答えを出していくのが自分に合っていたのだと思います。逆《ぎゃく》に、国語はつねに決まった答えがあるわけではないので、苦手に感じていました。

当時の夢《ゆめ》は雑誌《ざっし》のライターになることでした。近くの大学で行われた講演会《こうえんかい》で、人気雑誌《にんきざっし》の編集長《へんしゅうちょう》の話を聞いたのがきっかけです。当時、好きなアイドルの方がいたので、「こういう人が取材をしているんだ」とワクワクしました。知らない世界をのぞくことができ、とても新鮮《しんせん》でしたね。

当時から好奇心旺盛《こうきしんおうせい》で、自分の知らないことを知っていく過程《かてい》を楽しんでいた中学生だったと思います。

弓道部に所属《しょぞく》していた北垣《きたがき》さん。弓道は、中学、高校と６年間続けた。

中学時代は、弓道の県大会で１位にもなった。

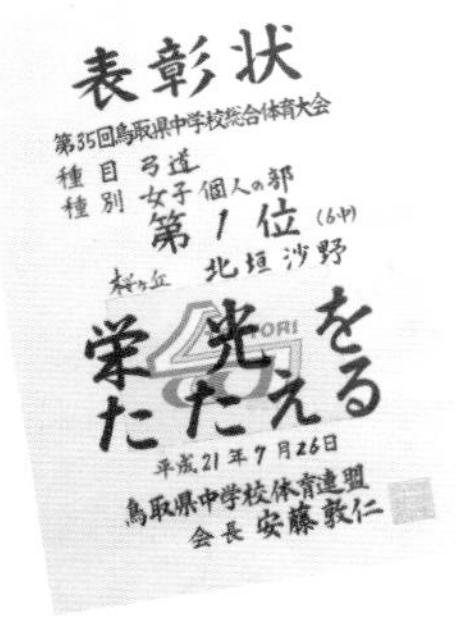

中学時代に愛用していた、弓《ゆ》がけという弓を引くための用具。手づくりのお守りをつけたふくろに入れて、大切に使っていた。

Q 中学のときの職場体験《しょくばたいけん》は、どこに行きましたか？

中学2年生のとき、鳥取県庁《とっとりけんちょう》の食堂《しょくどう》に、友人と行きました。体験先の候補《こうほ》はほかに保育園《ほいくえん》や学校などがありましたが、直感的に楽しそうだと思ったので県庁《けんちょう》を選びました。期間は月曜日から金曜日までの5日間でした。お客さまから食《しょっ》券《けん》をもらって厨房《ちゅうぼう》に伝え、席に提供《ていきょう》する仕事をしました。料理の盛《も》りつけや洗《あら》いものも少し手伝った記憶《きおく》があります。

県庁《けんちょう》の食堂《しょくどう》にはだれでも入れるので、最終日には両親がようすを見がてら食事をしに来ました。ちょっと気恥《きは》ずかしかったですね。

Q 職場体験《しょくばたいけん》ではどんな印象《いんしょう》をもちましたか？

料理の種類などがわからないので、食券《しょっけん》を回収《かいしゅう》する仕事に最初はとまどいましたが、やっていくうちに慣《な》れていきました。

また、お客さまへの対応《たいおう》だけでなく、開店準備《かいてんじゅんび》や閉店後《へいてんご》のかたづけなど、想像《そうぞう》以上《いじょう》に仕事があることにおどろきました。飲食店はふだん自分もお客さんとして使うし、仕事内《しごとない》容《よう》もなんとなくわかった気でいましたが、実際《じっさい》に体験したことで、働くということの責任《せきにん》を知りました。

Q この仕事を目指すなら、今、何をすればいいですか？

グランピングに限《かぎ》らず、外での遊びを通じて、アウトドアの楽しさ、喜《よろこ》び、不便さを経験《けいけん》すると、将来《しょうらい》この仕事に就《つ》いたときに活かせると思います。今はインターネットでキャンプ動画なども観られるので、参考にしてもよいですね。

また、お客さまによってグランピングに求めていることはちがいます。求められていることを察知するには、相手をよく観察していなければなりません。なので、日ごろから友だちのわずかな変化に気づいたり、相手を「すてきだね」とほめたりすることが大事だと思います。人との会話を通じて、人間としての魅力《みりょく》を高めていってください。

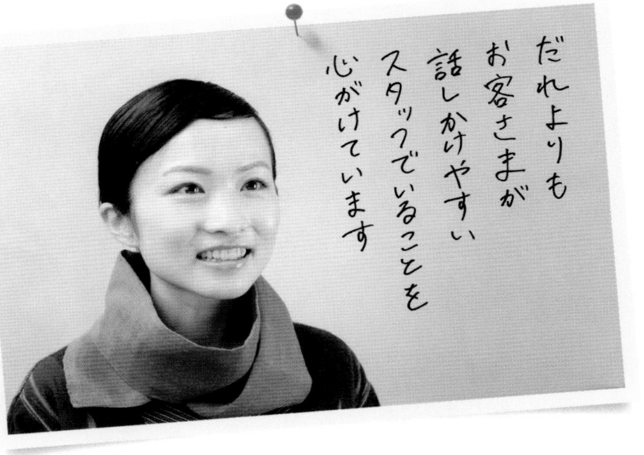

– 今できること –

ふだんの暮《く》らし

グランピング施設《しせつ》スタッフには、コミュニケーション能力《のうりょく》が必要です。ふだん友だちとどう接《せっ》しているか意識《いしき》してみましょう。身だしなみや、相手が話しかけやすい雰囲気《ふんいき》など、会話以外のこともコミュニケーションの一部です。

また、委員会や学校行事の実行委員会などに参加すると、ほかの学年の人たちと出会う機会ができます。コミュニケーション能力《のうりょく》をきたえるよいきっかけになるので、積極的に参加してみましょう。

社会 宿泊客《しゅくはくきゃく》から地域《ちいき》の説明を求められたり、地元の方と交流する機会もあります。さまざまな地域《ちいき》に関する名産品、特産品、伝統《でんとう》などに興味《きょうみ》をもちましょう。

体育 お客さんといっしょにレジャーをする機会もあるので、ふだんから体をきたえ、体力をつけておきましょう。

家庭科 調理の仕方や野菜に関する知識《ちしき》を身につけていると、お客さんと料理をつくるときに活かせます。調理実習などでは旬《しゅん》の野菜を使った料理に挑戦《ちょうせん》してみましょう。

英語 海外からのお客さんが宿泊《しゅくはく》した際《さい》にもおもてなしができるように、ALT《エーエルティー》などの外国人の先生と積極的に会話してみましょう。

仕事のつながりがわかる

アウトドアの仕事 関連マップ

ここまで紹介《しょうかい》したアウトドアの仕事が、
それぞれどう関連しているのか、見てみましょう。

商品

購入《こうにゅう》

ユーザー・愛好家

豊《ゆた》かな自然のなかで、アウトドア活動を楽しみ、グッズや用具を利用する人々。

情報収集《じょうほうしゅうしゅう》
情報発信《じょうほうはっしん》

情報発信《じょうほうはっしん》・情報収集《じょうほうしゅうしゅう》

宿泊《しゅくはく》・参加

自然の魅力《みりょく》を伝える

自然の魅力《みりょく》を伝え、人々とアウトドア活動をつないだり、アウトドアを広めたりする仕事。

商品

購入《こうにゅう》

情報収集《じょうほうしゅうしゅう》
情報発信《じょうほうはっしん》

グランピング施設《しせつ》スタッフ

P.34

豊《ゆた》かな自然のなかにある施設《しせつ》で、宿泊客《しゅくはくきゃく》をもてなし、心地よい時間を提供《ていきょう》する。運動や料理、たき火など、自然を楽しむ活動を紹介《しょうかい》したり、サポートしたりする。

ネイチャーガイド

18巻《かん》 P.22

海、山、川、森などの自然のなかで、その土地の自然を案内したり、楽しく安全に自然とふれあう遊びを指導《しどう》したりする。ツアーやイベントなどの企画《きかく》も行う。

協力

環境保全《かんきょうほぜん》

活性化《かっせいか》

アウトドア環境《かんきょう》を守る

人々は豊《ゆた》かな自然のおかげでアウトドアでの活動を楽しむことができる。その自然環境《しぜんかんきょう》を守るための仕事。

商品

購入《こうにゅう》

森林官

P.16

林野庁《りんやちょう》で、国有林の管理をする国家公務員《こっかこうむいん》。森の状態《じょうたい》を観察し、育った木を伐《き》って販売《はんばい》、そこに新しく苗木《なえぎ》を植えて、将来《しょうらい》の森を育てる。50年先を考えながら、山づくりをする仕事。

自然保護官《しぜんほごかん》

18巻《かん》 P.16

環境省所属《かんきょうしょうしょぞく》で、国立公園など自然保護地《しぜんほごち》域《いき》を守る。公園で行われる開発などの事業の認可《にんか》や施設《しせつ》の管理、自然とのふれあいや自然を活用した地域《ちいき》の活性化《かっせいか》に取り組む。

グッズ・用具

グッズや用具などの商品は、アイデアを決める企画担当《きかくたんとう》、企画《きかく》にあったデザインや設計《せっけい》の担当《たんとう》、実際《じっさい》に工場で生産する人などの、さまざまな仕事が集まってできている。

企画《きかく》

連携《れんけい》・情報共有《じょうほうきょうゆう》

P.4

アウトドアウォッチ商品企画《しょうひんきかく》

アウトドアのような厳《きび》しい環境下《かんきょうか》でもこわれにくい腕時計《うでどけい》ブランドの新商品を企画《きかく》・立案する。アイデアをかたちにするために社内外で調整し、商品化を進める。

共同開発

ファッション・スポーツブランドなど

腕時計《うでどけい》ブランドと他業種が共同で、商品企画《しょうひんきかく》を行う。スポーツ選手やチーム、デザイナー、アニメキャラクターとのコラボ商品などもある。

P.10

アウトドア商品企画《しょうひんきかく》

キャンプ用品を中心に企画《きかく》。予算、デザイン、素材《そざい》の選択《せんたく》、サンプルの制作《せいさく》とチェックなどを関係者や製造工場《せいぞうこうじょう》とやりとりしながら、商品化する。

レンタル

協力

26巻《かん》 P.22

音楽フェスなどの野外イベント

アウトドア用品を製造《せいぞう》する会社が、音楽フェスなどのイベントにテントなどをレンタルしたり、設営《せつえい》を手伝ったりして協力することがある。

デザイン

P.28

キャンピングカーデザイナー

キャンピングカーの企画《きかく》にあった、外装《がいそう》や内装《ないそう》のデザインをする。大量のスケッチをもとにデザインを考えていく。デザインが決まったら立体図面を作成する。

依頼《いらい》

納品《のうひん》

CAD《キャド》デザイナー CAD《キャド》オペレーター

乗り物や建物のデザインを立体化するには、3DCAD《スリーディーキャド》というソフトウェアが使われることが多い。このソフトを専門《せんもん》にあつかい、デザイナーのデザイン画などから、立体図面を制作《せいさく》する仕事もある。

設計《せっけい》

P.22

スポーツ自転車設計《せっけい》

デザイナーのデザイン画に沿《そ》って、自転車を設計《せっけい》する。強度や走りやすさを考え、乗り心地のテストなどもしながら試作を重ね、商品化する。競技自転車設計《きょうぎじてんしゃせっけい》も行う。

情報収集《じょうほうしゅうしゅう》・研究

世界の自転車メーカー

自転車の研究・開発は、日本より海外のメーカーの方が盛《さか》ん。今までにない素材《そざい》や機能《きのう》をもつ製品《せいひん》がつくられている。

商品化

生産

商品として製造《せいぞう》、販売《はんばい》する準備《じゅんび》が整ったら、工場などでの生産に入る。

※このページの内容《ないよう》は一例です。会社によって、仕事の分担《ぶんたん》や、役職名《やくしょくめい》は大きく異《こと》なります。

これからのキャリア教育に必要な視点《してん》 37

空前の アウトドアブーム

成長しているアウトドア業界

2010年代の後半から、第２次アウトドアブームが到来《とうらい》したといわれています。第１次ブームは、1990年代のいわゆるバブル経済《けいざい》を経《へ》た時代。自動車が趣味《しゅみ》やレジャー目的として発展《はってん》してきた時期で、若者《わかもの》は4ＷＤ《ダブリューディー》車に乗り、新たに開発されたキャンプ場につめかけました。

第２次アウトドアブームの大きな特徴《とくちょう》は、ひとりで出かける「ソロキャンプ」が流行し、男女とも気楽に野外へ出かけるようになったことです。また、テントを張《は》らずに豪華《ごうか》な施設《しせつ》で過《す》ごす「グランピング」や、できるだけ自然素材《しぜんそざい》を利用して過《す》ごす「ブッシュクラフト」など、キャンプの楽しみ方も多様化しています。この本にも登場する「星《ほし》のや富士《ふじ》」では、利用者がまき割《わ》りや森林浴などで自然を満喫《まんきつ》しながら快適《かいてき》に過《す》ごせる設備《せつび》やサービスを提供《ていきょう》し、人気を集めています。

2020年以降《いこう》は新型《しんがた》コロナウイルス感染症《かんせんしょう》の影響《えいきょう》でキャンプ場や観光地に行く人は以前より減《へ》り、ブームは下火になったようにも見えます。しかし、野外で遊ぶアウトドアは、コロナ禍《か》でも比較的《ひかくてき》安心して楽しめるレジャーとして、変わらず親しまれています。

第２次ブームを牽引《けんいん》するのは女性《じょせい》

もうひとつ、2010年代以降《いこう》と1990年代との決定的なちがいは、インターネットが普及《ふきゅう》し、ほとんどの人がスマートフォンをもっていることです。キャンプで楽しむようすを撮影《さつえい》したSNS《エスエヌエス》の投稿《とうこう》は、動画を観た人にキャンプに興味《きょうみ》をもつきっかけをあたえ、とくに女性《じょせい》のアウトドア人口を大きくのばしました。『ゆるキャン△』というアウトドアを楽しむ女子高生を描《えが》いたマンガが若《わか》い女性《じょせい》にも人気で、アニメにもなりました。

キャンプ場も女性客《じょせいきゃく》や子育て中の人に対応《たいおう》する施設《しせつ》を設《もう》け、多くの人が楽しめるように工夫しています。

オートキャンプ参加人口の推移《すいい》（推定値《すいていち》）

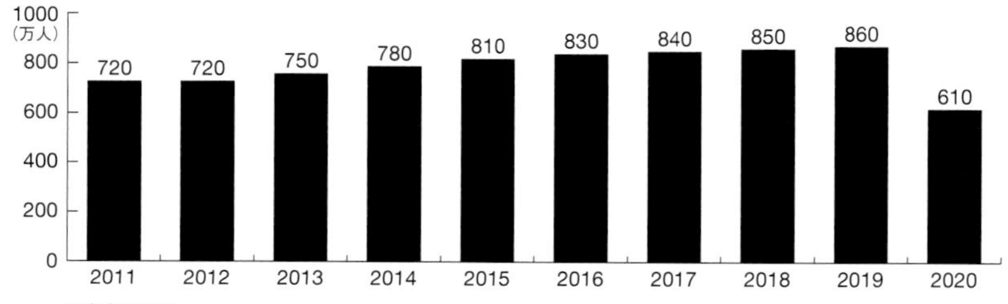

出典：一般財団法人《いっぱんざいだんほうじん》日本オートキャンプ協会「オートキャンプ白書 2021」をもとに作成

テントのすぐそばに車を停《と》めて宿泊《しゅくはく》できるオートキャンプは、家族連れなどでも気軽に楽しみやすく、人気が高い。ただ、多くのオートキャンプ場が感染症対策《かんせんしょうたいさく》として、営業停止《えいぎょうていし》や、利用者どうしの間隔《かんかく》を空け、使用人数をへらす対策《たいさく》をとったため、2020年の参加人口は前年の約３割減《わりげん》の610万人だった。一方、日帰りを含《ふく》む国内旅行者数は前年の約５割減《わりげん》だったことから、オートキャンプに対する影響《えいきょう》は比較的《ひかくてき》少なかったといえる。

写真提供：朝日新聞社

2011年に発生した東日本大震災《ひがしにほんだいしんさい》を機に、被災時《ひさいじ》の対応《たいおう》や学校などを避難所《ひなんじょ》とした生活を体験する防災教育《ぼうさいきょういく》プログラム「防災《ぼうさい》キャンプ」が各地域《かくちいき》で行われている。写真は高知県の小学校で行われた防災《ぼうさい》キャンプ。子どもたちが体育館でダンボールを使って間仕切りをつくるなど、防災学習《ぼうさいがくしゅう》が行われた。

キャンプの教育効果《きょういくこうか》

キャンプは教育の上でもさまざまな効果《こうか》をもたらします。ふだんの生活では、コンロなどを使えば簡単《かんたん》に火がついて調理できます。しかし、それらがない森の中で火をおこし、食事をつくることで、ふだんの暮《く》らしではできない力を高めることができるからです。

さらに、災害《さいがい》の多い日本では防災教育《ぼうさいきょういく》にもなります。大きな地震《じしん》、津波《つなみ》、台風や洪水《こうずい》、大雪、感染症《かんせんしょう》の拡大《かくだい》などに備《そな》えるには、ひとりひとりが、危機的状況《ききてきじょうきょう》から自分の身を守り、生《い》き抜《ぬ》く力が必要です。野外でテントを張《は》り、少ない水で温かい食べものを得《え》る方法などを学べるキャンプの経験《けいけん》は、いざというときの力になるはずです。

この本には、LOGOS《ロゴス》のアウトドア商品企画者《しょうひんきかくしゃ》が登場します。彼《かれ》が「アウトドア用品は、水に強いもの、じょうぶで軽いものなど、商品ごとにさまざまな機能《きのう》を備《そな》えています」と語るように、テントや衣類、イスなど自然のなかで身を守る機能《きのう》をもち、便利で使いやすいアウトドア用品は、防災《ぼうさい》グッズとしてもその価値《かち》を高めているのです。

キャンプはさらに、SDGs《エスディージーズ》教育《きょういく》にも大きな役割《やくわり》を果たします。日本の豊《ゆた》かな森や海、美しい川や湖で過《す》ごすことで、自然の大切さやゴミを少なくする工夫、地域《ちいき》ごとの特徴《とくちょう》や環境《かんきょう》のちがいに気がつくでしょう。

この本に出てくる森林官は「苗木《なえぎ》がある程度《ていど》の大きさまで育つには、10～15年、さらに、太く立派《りっぱ》な木にするには、もっとかかります。きれいな『いい山』を育てるために、目の前にある問題を解決《かいけつ》するだけではなく、未来を見すえた作業計画を立てることを意識《いしき》しています」と語ります。これからアウトドアの仕事を目指す人は、環境《かんきょう》に配慮《はいりょ》した持続可能《じぞくかのう》な仕事を選び、日本の豊《ゆた》かな自然を育てていかなくてはなりません。多くの人が安心して野外で遊べる環境《かんきょう》をつくっていかなければならないのです。自然に恵《めぐ》まれた日本だからこそ、新たな自然との向き合い方を生み出すアウトドアの仕事が今後も生まれてくるでしょう。

PROFILE《プロフィール》

玉置《たまおき》 崇《たかし》

岐阜聖徳学園大学教育学部教授《ぎふしょうとくがくえんだいがくきょういくがくぶきょうじゅ》。
愛知県小牧市《あいちけんこまきし》の小学校を皮切りに、愛知教育大学附属名古屋中学校《あいちきょういくだいがくふぞくなごやちゅうがっこう》や小牧市立小牧中学校管理職《こまきしりつこまきちゅうがっこうかんりしょく》、愛知県教育委員会海部教育事務所所長《あいちけんきょういくいいんかいあまきょういくじむしょしょちょう》、小牧中学校校長《こまきちゅうがっこうこうちょう》などを経《へ》て、2015年4月から現職《げんしょく》。数学の授業名人《じゅぎょうめいじん》として知られる一方、ICT《アイシーティー》活用の分野でも手腕《しゅわん》を発揮《はっき》し、小牧市《こまきし》の情報環境《じょうほうかんきょう》を整備《せいび》するとともに、教育システムの開発にも関わる。文部科学省「校務《こうむ》におけるICT活用促進事業《アイシーティーかつようそくしんじぎょう》」事業検討委員会座長《じぎょうけんとういいんかいざちょう》をつとめる。

さくいん

【取材協力】

カシオ計算機株式会社　https://www.casio.com/jp/
株式会社ロゴスコーポレーション　https://www.logos.ne.jp/
林野庁　https://www.rinya.maff.go.jp/
ブリヂストンサイクル株式会社　https://www.bscycle.co.jp/
VANTECH株式会社　https://www.vantech.jp/
星のや富士　https://hoshinoya.com/fuji/

【写真協力】

株式会社ロゴスコーポレーション　p11、p13
星のや富士　p35

【解説】

玉置 崇（岐阜聖徳学園大学教育学部教授）　p42-43

【装丁・本文デザイン】

アートディレクション／尾原史和（BOOTLEG）
デザイン／石井恵里菜・加藤 玲（BOOTLEG）

【撮影】

平井伸造

【執筆】

山本美佳　p4-9、p16-21
小川こころ　p10-15、p22-27
酒井理恵　p28-33、p34-39、p42-43

【企画・編集】

西塔香絵・渡部のり子・佐藤美由紀（小峰書店）
常松心平・一柳麻衣子・中根会美・飯沼基子・酒井かおる（オフィス303）、安部優薫

キャリア教育に活きる！

仕事ファイル37

アウトドアの仕事

2022年4月9日　第1刷発行
2024年1月8日　第2刷発行

編　著　小峰書店編集部
発行者　小峰広一郎
発行所　株式会社小峰書店
　　　　〒162-0066東京都新宿区市谷台町4-15
　　　　TEL 03-3357-3521　FAX 03-3357-1027
　　　　https://www.komineshoten.co.jp/
印　刷　株式会社精興社
製　本　株式会社松岳社

NDC 366 44p 29×23cm
ISBN978-4-338-35105-8

センパイに
聞く

キャリア教育に活きる！

仕事ファイル

第1期 全7巻

① ITの仕事
システムエンジニア、プログラマー
CGアニメーター、プランナー、WEBデザイナー
サウンドクリエーター

② メディアの仕事
映像クリエーター、YouTubeクリエーター、アナウンサー
広告ディレクター、編集者、グラフィックデザイナー

③ ファッションの仕事
ファッションデザイナー
ファッションイベントプロデューサー
カメラマン、ヘア&メイクアップアーティスト
プレス、スタイリスト

④ ショップの仕事
雑貨店店長、アパレルショップ店長
百貨店バイヤー、オンラインモール運営
園芸店店長、書店員

⑤ フードの仕事
レシピサービス運営、調理師、菓子開発者
パティシエ、フードコーディネーター、農家

⑥ インターナショナルな仕事
映像翻訳家、留学カウンセラー、商社パーソン
旅行会社営業、日本ユネスコ協会連盟職員、JICA職員

⑦ 新しいキャリア教育ガイドブック

第2期 全6巻

⑧ サイエンスの仕事
気象予報士、データサイエンティスト
JAXA研究者、JAMSTEC研究者、ロボット開発者
科学コミュニケーター

⑨ 学校の仕事
中学校教諭、特別支援学校教諭、保育士
司書教諭、スクールカウンセラー、文房具開発者

⑩ 住まいの仕事
デベロッパー、建築家、大工、家具職人
プロダクトデザイナー、生活雑貨バイヤー

⑪ 動物の仕事
水族園調査係、WWFジャパン職員、盲導犬訓練士
獣医師、動物保護団体職員、動物園飼育係

⑫ メディカルの仕事
歯科医、フライトドクター、心臓血管外科医
オペナース、医薬品研究者、再生医療研究者

⑬ 伝統文化の仕事
着物デザイナー、江戸切子職人、花火ディレクター
あめ細工師、こけし工人、日本酒蔵人

第3期 全7巻

⑭ マネーの仕事
銀行員、証券会社システム開発、造幣局職員
電子マネー企画、公認会計士
ファイナンシャルプランナー

⑮ スポーツの仕事
スポーツアナウンサー、スポーツマーケター
プロ野球球団職員、スポーツトレーナー
スポーツ用品メーカー営業、eスポーツプレーヤー

⑯ 旅行の仕事
客室乗務員、エコツアーガイド
観光タクシードライバー、日本政府観光局職員
ホテリエ、旅行サイト制作

⑰ 海の仕事
海上保安官、漁師、スクーバダイビングインストラクター
航海士、造船技師、水産食品研究者

⑱ 山の仕事
林業作業士、アウトドアメーカー広報
自然保護官、山岳ガイド、山岳救助隊員、火山研究者

⑲ 福祉の仕事
手話通訳士、点字フォント発明家、介護福祉士
理学療法士、義肢装具士、ケースワーカー

⑳ 美容の仕事
美容師、エステティシャン、ネイルアーティスト
ビューティーアドバイザー、化粧品研究者、美容皮膚科医

第4期 全7巻

㉑ エコの仕事
再生可能エネルギー電力会社広報、フードバンク職員
エシカル商品の企画、国立環境研究所研究員
リサイクル商品ブランディング、フェアトレードコーディネーター

㉒ 鉄道の仕事
鉄道運転士、鉄道運輸指令員、鉄道車両製造
駅弁開発、乗り換え案内サービスシステム開発、鉄道カメラマン